Tras el velo de la Diosa.

Rvd. Tiné Estrella de la Tarde

Lady Ayra Alseret

30 Julio 2015.

Quiero agradecer y dedicar esta obra, en parte, a mí querida mentora y amiga Lady Ayra Alseret. Pues sin su ánimo, sus energías y su emotividad, este proyecto no hubiese podido salir a la luz. Me alegro mucho de aquel día en el que me lo propuso y los dos, como dos locos nos lanzamos a este proyecto.

A su vez, quiero dedicar este libro a los Dioses, y sobre todo a la Anciana Madre, pues ha estado presente a lo largo de su composición. Dándome fuerza en los momentos en los que no encontraba hueco para ponerme con el proyecto. Pero gracias a Ella y a Ayra, hemos llegado al final, y ha resultado ser una experiencia preciosa, pero sobre todo enriquecedora

Tiné Estrella de la Tarde.

A la Diosa, al Dios y cada una de las personas que pusieron en mi camino, y sin quienes yo no sería la persona que soy hoy.

A mi nuevo viejo amigo.

Y por supuesto, al Rvd. Tiné Estrella de la Tarde, sin cuya ayuda nunca habría existido este libro, gracias porque cada vez que te propongo una locura, te subes al carro sin pensar y me haces volar más y más alto.

Ayra Alseret.

Himno a Isis

Porque soy la primera y la última,
Yo soy la venerada y la despreciada,
Yo soy la prostituta y la santa,
Yo soy la esposa y la virgen,
Yo soy la Madre y la hija,
Yo soy los brazos de mi Madre,
Yo soy la estéril y numerosos son mis hijos,
Yo soy la bien casada y la soltera,
Yo soy la que da a luz y la que jamás procreó,
Yo soy el consuelo de los dolores del parto,
Yo soy la esposa y el esposo,
Y fue mi hombre quien me creó,
Yo soy la Madre de mi padre,
Soy la hermana de mi marido,
Y él es mi hijo rechazado.
Respetadme siempre,
Porque yo soy la escandalosa y la magní-fica.

Nag Hammadi Codex NHC VI, 2
Siglo III o IV A.D.

Himno a Isis, descubierto en Nag Hammadi, 1947

Todos los derechos reservados.

Queda rigurosamente prohibida, sin la autorización escrita de los titulares del copyright, bajo las sanciones establecidas por las leyes, la reproducción parcial o total de esta obra por cualquier medio o procedimiento, comprendidos la reprografía y el tratamiento informático, y la distribución de ejemplares mediante su alquiler.

© 2015.

Tras el velo de la Diosa

ÍNDICE DE CONTENIDO

***

- **Introducción al presente trabajo**
- **Agradecimientos**
- **Sobre los autores**
  - Lady Ayra Alseret
  - Rvdo. Tiné Estrella de la Tarde
- **Activar los arquetipos dentro de nosotros**
  - Los arquetipos: Ciclos y etapas de la vida
- **Encontrando a la Diosa**

LIBRO I - La Diosa

PRIMERA PARTE

- **La Doncella**
  - Introducción a la faceta de la Doncella
  - Su reflejo en la vida humana
  - Aspectos de la Doncella (Virgen, guerrera, cazadora, sensual y erótica)
  - Cómo trabajarla, correspondencias y asociaciones
- **Selección de Diosas y el trabajo de las mismas**
  - Perséfone
  - Diana
  - Freya
  - Rhiannon
  - Sarasvati
  - Hathor

SEGUNDA PARTE.

-La Madre

-Introducción a la faceta de la Madre

-Su reflejo en la vida humana

-Aspectos de la Madre (Dadora de vida y muerte)

-Cómo trabajarla, correspondencias y asociaciones

-Selección de Diosas y el trabajo de las mismas

-Deméter

-Cibeles

-Frigg

- Danu

-Durga

-Anuket

TERCERA PARTE.

-La Anciana

-Introducción a la faceta de la Anciana

-Su reflejo en la vida humana

-Aspectos de la Anciana (Provocadora de muerte, Diosa bruja, la búsqueda interior)

-Cómo trabajarla, correspondencias y asociaciones

-Selección de Diosas y el trabajo de las mismas

-Hécate

-Libitina

-Cailleach Béirre

-Elli

- Kali

-Neftis

-Lecturas recomendadas y complementarias

-Bibliografía y fuentes

-Ilustraciones

Introducción al presente trabajo

Acaba de comenzar el año civil, cuando en una de nuestras reuniones semanales, el Rvd. Tiné Estrella de la Tarde y yo misma decidimos arrancar este proyecto, que no tenía nombre ni forma. Sólo queríamos acercar las facetas de la Diosa a aquellas personas que gustaban de acercarse a Ella.

Entre idas y venidas, las semanas corrían mientras dedicamos el tiempo que podíamos a este trabajo, pero trabajo llama a trabajo, y nos encontramos en el momento en que estamos haciendo el mismo para los aspectos del Dios. Esperamos que muy pronto esté disponible.

Este trabajo se compone de varias partes, por un lado, de las ideas generales que nos acercan a la Diosa en sus facetas de Doncella, Madre y Anciana, y por otro, de pequeños rituales que de manera sencilla, nos permiten trabajar con una selección de Diosas que nos acercan a los arquetipos.

Estos rituales no tienen la estructura completa, es decir, no se dice expresamente que levantemos el Círculo, invoquemos a los Cuartos, y al finalizar despidamos y abramos el Círculo. Entendemos que no es necesario hacerlo, pues cada cual conoce de sobra cuáles son los mecanismos y fórmulas que usa para sus trabajos. Tampoco quieren estos rituales ser cerrados o estrictos, son sencillamente ideas para que cada uno se inspire en su trabajo.

Es, por tanto, que este libro, no tiene como fin ser sentencia del tipo de trabajo que debemos realizar, sino más bien una pequeña guía e inspiración para el trabajo que el devoto, practicante de la Wicca, o brujo, pueda usar en su día a día.

Como mentores en Wicca Correlliana, nos hemos encontrado muchas veces con la pregunta de cómo se podía trabajar con los aspectos de la Diosa, qué rituales se acercaban más al trabajo con estos aspectos y qué finalidades eran las apropiadas. Esperamos que este trabajo, arroje un poco de luz sobre estas cuestiones.

La selección de Diosas para cada uno de los aspectos de la Diosa, ha sido realizada con cuidado, exponiendo aquellas que consideramos más representativas, era de todo modo imposible, tomar a todas las Diosas de todos los panteones que existen. De igual modo, es normal que muchas divinidades entren en varios aspectos, como el caso de Hécate que comprende en sí misma la faceta de Doncella, Madre y Anciana. En estos casos, hemos optado por un solo de los aspectos con el fin de dar mayor variedad a los artículos. Casi todas las divinidades pertenecen a casi todos los aspectos, sobre todo cuando nos encontramos con panteones que han sido sincretizados, asumidos y modificados por diversas culturas.

Tampoco hemos querido extendernos en la historia de las Diosas seleccionadas, dando solamente unas pinceladas generales sobre ellas, para que el lector si lo desea, pueda investigar aquellas que le llamen más la atención.

Sólo nos queda esperar, que lo disfrutes tanto como nosotros hemos disfrutado su trabajo.

Tiné Estrella de la Tarde.
Ayra Alseret.

Agradecimientos

Este proyecto no habría visto la luz sin la colaboración de algunas personas, desde aquí nuestro más profundo agradecimiento a:

Rvd. Kernu Brumaroja, por su primera lectura y ayuda en el momento de la maquetación.

Rvda. Crisantemo T. Haro, quien desinteresadamente, aportó la imagen que acompaña la portada de este libro.

Pablo Vicente Sánchez, quien de igual modo y desinteresadamente, aportó las imágenes que acompañan a este libro.

Tras el velo de la Diosa

Sobre los autores

Ayra Alseret

...

Lady Ayra Alseret, es Sacerdotisa de Tercer Grado. En mayo de 2012 recibió el permiso de la Tradición Correlliana para fundar el Santuario de Hécate como Santuario Witan. Éste Santuario recibió el visto bueno para convertirse en Proto-Templo en abril de 2013 y en abril de 2014 pasó a ser Templo de pleno derecho.

Trabaja activamente en la sociedad pagana, manteniendo relaciones con diversas tradiciones, y participando de manera constante en diversos proyectos nacionales e internacionales desde el año 2001.

Además de ser Cabeza del Templo de Hécate, en el cual imparte clases Primer, Segundo y Tercer Grado presenciales y a distancia, la Rvda. Ayra forma actualmente parte de la Corte Interna activa del Templo del Árbol Blanco, Templo Dragón, Proto Templo Bosque del Norte, Santuario de Ereshkigal y Santuario de Path, donde forma parte del órgano consultivo de los grupos.

Pertenece a la Ord Brighideach, como Flamekeeper (guardiana de la llama), desde 2010, y es miembro del Kildare, cill hispano hablante de Brigit. Es Maestra de Usui Reiki Tradicional, Kundalini

Reiki y Gold Reiki, entre otras muchas maestrías, donde destaca el Trabajo con Arquetipos. Es miembro de la Orden de Reiki de la Tradición Correlliana. Es Chamana Correlliana e integrante del grupo Cabaña de los Chamanes Correllianos. Es, además, la Primera Portadora de la Luz de Hécate y Sacerdotisa de Hécate, Isis y Selket en la FoI.

La Rvda. Ayra Alsert creó la web sobre Wicca y Paganismo wiccanos.com en el año 2004. Esta web está considerada hoy en día como la mejor web sobre Wicca y Paganismo en lengua no inglesa. Así mismo, trabaja en la tienda on-line wiccanos.es

Fue condecorada por la Tradición Correlliana dos veces con la Orden del Turíbulo, por su trabajo ritual de la Guardia de la Llama de Hécate, que ha congregado a devotos de dicha Diosa, no sólo dentro de la Tradición Correlliana, sino también fuera de ella; y con la Orden del Pentáculo de Hierro a la excelencia en la docencia correlliana, y con la Vara de Oro, por su trabajo.

Es miembro del grupo Anillo Wicca, un grupo de páginas hispanohablantes sobre Wicca y Paganismo, al que pertenece también Wiccaspain.es o Wiccanos.com (siendo su fundadora), páginas de interés y referencia para todos los paganos españoles.

Actualmente, dirige y trabaja en varios grupos de trabajo con Hécate, y participa en diversos foros y actividades.

Tiné Estrella de la Tarde

...

El Rvdo, Tiné Estrella de la Tarde dio sus primeros pasos en el paganismo a los 16 años cuando se hizo con sus primeras runas. Fue gracias a las runas por lo que poco a poco fue entrando en el mundo del paganismo, la magia y la brujería. "La Biblia de las Brujas" de Janet y Stewart Farrar, fue el primer libro que leyó sobre Wicca. Tras su lectura, su camino empezó a revolucionarse y a avanzar a pasos agigantados. Un año o dos más tarde, llegó a la Tradición Correlliana y empezó a cursar los estudios de Primer Grado como dedicante en el Templo de Hécate (Sevilla).

Tras más de un año y un día de estudio, pasó a ser Iniciado en Primer Grado y actualmente estudia Tercer Grado en dicha tradición y en el mismo Templo, cuya cabeza es la Rvda Ayra Alseret. Así pues, forma parte de la Corte Interna del Templo, aparte de ser Chaken de la Palabra, escribiendo artículos para el blog oficial del Templo de Hécate, junto a otros compañeros.

De forma paralela, mientras cursaba sus estudios de Primer Grado realizó un curso de Chamanismo Correliano. Posteriormente, formó parte del curso de Chamanismo Correlliano, como Guía del mismo.

En el año 2014, creó el Santuario del Árbol Blanco de la Tradición Correlliana, que actualmente se encuentra en Madrid, bajo el imperio de la Rvda. Ayra Alseret y ha alcanzado ya el rango de Templo.

Por otra parte, es graduado en Historia, con la especialidad de Medieval, en la Universidad Complutense de Madrid y actualmente está cursando los estudios de máster en Ciencias de las Religiones en la especialidad de ritual y simbología de las religiones.

Activar los arquetipos dentro de nosotros.

...

Conocer a los Dioses como arquetipos dentro de nosotros, es una verdadera experiencia catártica que nos cambiará por completo. Si además, trabajamos con estos arquetipos, nos daremos cuenta que todos, dentro de nosotros, tenemos Dioses y Diosas con los que podemos trabajar. A diferencia de lo que se suele creer, uno no conecta con la divinidad o con el arquetipo "x", simplemente montando un altar en casa. Decorándolo como el mejor, y encendiendo una vela o una varilla de incienso sin más. La implicación psicológica y la aplicación de las cualidades de ese arquetipo, en el mundo material, no va a venir por inspiración divina. Es por tanto necesario un duro trabajo (contra nosotros mismos en muchos casos) que no podemos saltar por encima.

Los arquetipos son potencialidades internas que todos tenemos, que están ahí y que podemos desarrollar o no, para intentar lograr un equilibrio dentro de nuestro ser. Podemos ver, que todos los Dioses van a ser patrones que representan potencialidades dentro de nosotros mismos. Algunas de ellas estarán activadas y desarrolladas dentro de nosotros; siguiendo a Jean Shinoda Bolen, los llamaremos *arquetipos activos*. Mientras que por otra parte, existen patrones o arquetipos universales, que están también dentro de nosotros, pero por el contrario, no están desarrollados o activados. En cambio, podemos trabajarlos por medio de la implicación y la fuerza de voluntad, pues al igual que un diamante que tiene múltiples caras, que forma una unidad, estas facetas universales son las diferentes caras del diamante, que somos nosotros mismos.

Por lo tanto, todos tenemos estos arquetipos y lo entenderemos con el siguiente ejemplo: Sir Lawrence Alma-Tadema fue un espléndido pintor neerlandés del neoclasicismo. Sus cuadros y sus obras son verdaderamente espectaculares. Sin embargo, cualquiera podría dibujar o pintar, sin llegar claro a la habilidad y la técnica de este pintor, a no ser que se implique en el desarrollo de esas habilidades. Este ejemplo, nos permite ver que estos los arquetipos, están en todos, en potencia. Solo que unos individuos los han desarrollado más que otros. Y tú, con trabajo y perseverancia, puedes adquirirlos también. Al igual que podrías desarrollar tu parte más creativa o artística iniciando unas clases de pintura.

Llegados a este punto, destacaremos por encima de todo que, *"Hacer es llegar a ser"*. Con un duro trabajo de implicación tanto personal, psicológico o espiritual, podremos desarrollar dentro de nosotros mismos las mismas habilidades y carácter de los Dioses con los que trabajamos. Este fenómeno, no viene por inspiración divina, sino que por el largo y duro trabajo que uno puede desarrollar con una divinidad, puede terminar generando en sí mismo esas mismas habilidades, llegando un punto, en el que esa persona se convierte en "una verdadera representación de la divinidad". Y como mencionamos, esto ocurre cuando uno lleva a cabo una verdadera implicación en el trabajo diario a todos los niveles con ese arquetipo o con esa divinidad.

Los arquetipos: Ciclos y etapas de la vida.

Tras haber hecho una introducción sobre los arquetipos y su presencia en todos nosotros, convendría hacer una aclaración más, que es necesaria en su desarrollo. Podemos desarrollar ciertos arquetipos en diferentes momentos y circunstancias de la vida. Podemos decidir trabajar un aspecto concreto en un momento concreto por una situación especial, hasta aquí claro. Pero no podemos olvidar que, los arquetipos están íntimamente relacionados y conectados a fases y ciclos de la vida concretos y puntuales. Por ejemplo, una joven puede decidir trabajar sobre los aspectos de la Anciana porque quizás lo necesite en un momento puntual de su vida. Quizás incluso decida que una Diosa Anciana sea su divinidad patrona con la que más íntimamente trabaje. Pero si solo se centrase en desarrollar esta parte arquetípica y decide sintonizarse solo con esas energías, comúnmente, encontrará y se dará cuenta que, hay un desequilibrio porque o no ha pasado por las etapas o estadios anteriores, o necesita trabajar y desarrollar el arquetipo de la Doncella, que es el que está en sintonía con la etapa de su vida.

No debemos de entender tampoco los arquetipos como opuestos, pues son caras de una misma moneda que se complementan. Pero sí deberíamos reflexionar sobre que, en diferentes etapas y ciclos de la vida, hay una serie de arquetipos que tienen un mayor peso o importancia. Puede parecernos una banalidad, pero en realidad uno se termina dando cuenta de que es más importante de lo que parece. En realidad se trata de sincronizarnos con los ciclos de nuestra vida para estar lo más equilibrados y armónicos posibles.

Hemos puesto el ejemplo de la joven, que necesitará desarrollar y trabajar su parte de Doncella. Pero nos podemos encontrar el caso de la Anciana, que al llegar a su ancianidad, se niegue a sincronizarse con esa nueva etapa que llega, anclándose a otros arquetipos. Estas situaciones, por lo general suelen generar desequilibrio dentro de nosotros mismos. Al igual que, un joven, que desarrolle la faceta del Hechicero o el Anciano, o de Dioses o arquetipos que estén relacionados con la introspección, el recogimiento y el aislamiento, podrá encontrar que en realidad, se siente desequilibrado y en contra del momento que tiene que vivir en su vida, la expansión, la luminosidad, el auto-conocimiento.

Si os te has dado cuenta, todo se trata de un juego de equilibrio, en el que se trata de tener un poco de todo, para intentar sentirnos lo mejor posible, en base a la época de la vida que estamos viviendo. Pero será decisión tuya y solo tuya, el querer desarrollar más o menos unos arquetipos o una habilidades.

Encontrando a la Diosa

Existen muchas formas de encontrar a la Diosa en nuestra vida, y ninguna, es más válida que otra. En realidad, se trata de una cuestión personal, un proceso, que depende de para quién, se convierte en una ardua tarea, o en una simple y sencilla búsqueda.

La Divinidad se expresa en cada momento de nuestra vida, aunque muchas veces, no seamos conscientes de ese proceso, no podamos verla o no sepamos ver o interpretar sus mensajes. Esto, lleva implicado algo que denominamos "trabajo personal", sin el cual, no podremos alcanzar un entendimiento de lo que somos, de lo que hacemos y en qué momento de nuestra vida nos encontramos. En este sentido, cabe destacar que muchos wiccanos, sobre todo en sus inicios, suelen presentar una relación mucho más fuerte con la Diosa que con el Dios. Pese a este posible obstáculo, debemos de intentar hacer un esfuerzo por encontrar y trabajar la faceta masculina de la Divinidad. Porque no podemos olvidar, que todos tenemos una parte masculina y una femenina. De nada valdrá entonces, conocer al 100% nuestra feminidad, si desconocemos nuestra parte masculina. Porque en realidad, solo nos estaremos conociendo a un 50%, y el trabajo quedaría inacabado o incompleto.

Supone un verdadero esfuerzo, pues desgraciadamente, el término medio se ha tenido en cuenta en muy pocas veces a lo largo de la historia. Pasando de un patriarcado, poderoso y represivo, a la total y exacerbada reivindicación de lo femenino, por encima de lo demás.

A continuación, propondremos algunas maneras, métodos o formas, por las que podrás dar con la Diosa, que en el momento de la realización del ejercicio, está rigiendo tu vida:

I: Buscando a la Divinidad en el día a día.

Durante una lunación (28 días, de luna llena a luna llena) busca e identifica a la Diosa que aparece y se manifiesta tras los acontecimientos, emociones o sentimientos que se despiertan en tu vida. Haz un ejercicio de entendimiento que te permita ver qué Divinidad es la que aparece más frecuentemente. Es ideal que tomes nota de todo esto en tus cuadernos, pues te permitirá ver quién se esconde en las cosas que ocurren en tu vida y como se presenta ante ti. Pregúntate cosas como éstas:

- ¿En qué fase de la Luna me siento más conectado a la Divinidad?
- ¿Qué tipo de energía se manifiesta en mi vida de manera constante?
- ¿Existe algún patrón que repito en determinada fase lunar a diario o muy seguidamente?
- ¿Siento un especial vínculo por un panteón concreto?
- ¿Me llama especialmente una Divinidad?

II: Pidiendo ayuda a tus Guías

Una forma sencilla de saber que Diosa rige este momento de tu vida, y con la que debes trabajar es haciendo un pequeño trabajo con tus Guías para que te revelen lo que necesitas saber. Vamos a disponer de un espacio amplio, en el que colocaremos un altar con una vela azul. Sería positivo que enciendas incienso y añadas decoraciones a este altar para tus Guías. Una buena idea es llenarlo de cosas que te gusten a ti, pues ellos se sentirán cómodos con estos objetos.

Busca una canción que te inspire paz y relax, y reprodúcela. Baila. Pon en cada movimiento que hagas la energía necesaria para que tus Guías se acerquen. Mientras bailas di:

A mis Guías llamo en esta noche,
Para que se acerquen a este espacio que levanto para ellos,
Os llamo para que traigáis respuestas.
Busco a la Diosa que rige mi vida en este momento.
Pido que me ayudéis a encontrarla
Para poder avanzar en mi camino.

Respira profundamente, y enciende la vela. Siéntate en una posición cómoda, y ve repasando mentalmente la lista de Diosas que podrían estar cercanas a ti en este momento.

Si te resulta más cómodo, anota en un papel estos nombres mientras te dejas llenar por la luz que desprende la vela. Piensa en los aspectos que reconoces como propios de la Diosa. Anótalos. Cuando los repases, pregunta en voz alta a tus Guías ¿tiene mi Diosa este aspecto? ¿Es Ella joven? Deja unos segundos para sentir la respuesta que te dan.

III: Usando tu intuición.

Todo, en el mundo de la magia, depende de cómo lo haces, pero no podemos olvidar lo importante que es la intuición y es saber *inconsciente* que todos poseemos.

De este modo, pregúntate a ti mismo:

- ☐ ¿Con qué faceta de la Diosa me siento más conectado?
- ☐ ¿Hay algún panteón que siento de manera más cercana o especial?
- ☐ ¿Qué Diosas o qué arquetipos me identifican más?
- ☐ ¿Siento una conexión especial por algún pueblo de la antigüedad?
- ☐ ¿Qué siento sobre mi camino espiritual?
- ☐ Si pudieras elegir, ¿dónde querrías haber nacido?

Estas preguntas simples pueden ir ayudándote a encontrar la respuesta. Obviamente, puedes añadir otras preguntas y eliminar aquellas que no signifiquen nada para ti.

LIBRO I - La Diosa.

PRIMERA PARTE.

***

LA DONCELLA.

...

Introducción a la faceta de la Doncella.

Se suele identificar la Diosa Doncella con la Luna creciente, con el nacimiento, la expansión, lo bello y lo excitante, pero este arquetipo suele presentar una dualidad interesante, estamos ante una virgen-guerrera. Es decir, en el momento en el que la inocencia se ve atacada, ésta se convierte en una verdadera ferocidad destructora. De esta dualidad nacen Diosas cazadoras y guerreras como Astarté o la misma Artemisa. Podemos relacionar la faceta de la Doncella también con los instintos desenfrenados que abandonan el control y la norma, desde la autonomía y la propia autoridad.

Asociamos esta faceta a la Luna Creciente. Este es el momento apropiado para realizar los rituales de curación, de magia positiva y los hechizos que aumentan el amor, la buena suerte, el crecimiento de cualquier tipo, el incremento del deseo sexual y de la riqueza.

El arquetipo de la Doncella también ha sido identificado como el de la Niña Eterna, que cambia de vida, que cata los placeres, que erra, que falla. Toma la mayor experiencia que puede de la vida en este momento. Se suele relacionar también con el momento donde lo material impera sobre lo espiritual. Como en el budismo, antes de que Sakiamuni se retirara y decidiese iniciar su etapa de ascetismo, tomó experiencia de todo lo que la vida tenía: de sus placeres, sus riquezas, sus males, sus tristezas.

No debemos mirar muy lejos en la historia de la humanidad para ver como la faceta de la Doncella aparece fuertemente custodiada por la sociedad. Niñas que nacían y no existían en sus familias hasta que comenzaban a menstruar, y entonces, adquirían un papel importante: había que guardar su honra. Este concepto que hoy nos parece muy anticuado, hacía referencia al valor de la mujer, que era la encargada de perpetuar el buen nombre de su familia, pues en ellas son las encargadas de la virtud que persiste.

Si echamos un ojo a la historia de la sexualidad femenina, vemos que, la virginidad, desde las primeras sociedades humanas ha sido un elemento a valorar. La mujer, concebida como un "bien" o como un producto intercambiable, tenía un valor añadido, si mantenía su virginidad intacta. La virginidad, en este sentido, termina convirtiéndose en una cualidad de un producto, que eleva su precio o su estima. Vemos entonces, que ya antes de la llegada de sociedades patriarcales complejas, se conforma como un elemento de valor. Con la llegada de los grandes monoteísmos, este aspecto toma más importancia aún: sobre todo en el cristianismo, donde el modelo femenino a seguir, era la Virgen María, frente a la figura de Eva. Se establece una dualidad entre la Eva pecadora y culpable de la expulsión del Paraíso, frente a la pureza y sacralidad que toma la figura de la Virgen María. A modo de apunte, en el mundo judío podemos encontrarnos la figura de Lilith como arquetipo femenino, indomable ante el hombre. No hace falta explicar, que la sexualidad, en el mundo judeo-cristiano, se demoniza, convirtiéndose en un tabú. Entendido esto, somos capaces de establecer una clara idea sobre esto: la mujer debe permanecer virgen y casta para que el hombre sepa siempre que es el padre los hijos que engendra. No se trata sólo del valor o la virtud impuesta, sino de una forma de dominio sobre la descendencia, un rasgo más del patriarcado.

En este sentido, debemos de tener cuidado porque no se trata de caer en un ginocentrismo frente al antropocentrismo que hemos visto y que está presente, por lo menos, en las religiones del libro. Pero apuntar la importancia de la figura femenina, es clave sobre todo, para entender el contexto y las figuras que trataremos a lo largo del libro. No podemos olvidar, que la sexualidad, no deja de ser un elemento que se construye dentro de una época, y dentro de una cultura. Por lo tanto, los modelos y los patrones evolucionan, y no hay que verlos tampoco como fenómenos estancos, o menos aún, estigmatizar o demonizar un determinado modelo. No sólo en el cristianismo, sino también en sociedades más antiguas, encontramos el modelo del hombre, como trabajador y productor, y a la mujer como sujeto que debe de mantener al marido, cuidar de sus hijos y de su casa. No tenemos tiempo para hablar de esto aquí, pero en general, las sociedades antiguas eran bastante misóginas. No hace falta ir muy lejos para encontrarnos con este testimonio del mismo Platón:

"Doy gracias a los Dioses por haber nacido griego y no bárbaro.
Doy gracias a los Dioses por haber nacido libre y no esclavo.
Doy gracias a los Dioses por haber nacido hombre y no mujer.
Pero sobre todo, doy gracias a los Dioses por haberme permitido nacer en el siglo de Sócrates."

Las mujeres, en el momento vital que son Doncellas, están cercanas a la divinidad, y es por esto que en el Medievo, se las asociaba con capacidades únicas, como la de atraer al esquivo unicornio, que sólo se acercaría a una virgen. En este sentido, no podemos olvidar, que las autoridades eclesiásticas ponen en directa relación, la figura del unicornio, con la figura del propio Jesucristo. En los bestiarios medievales, el unicornio es la representación de la encarnación, y ya los poetas franceses e italianos del siglo XIII relacionan la figura del unicornio con la Doncella. El unicornio en numerosos poemas medievales se convierte en la figura de la feminidad inaccesible, ergo, en la representación de la virginidad y la pureza que representa la mujer inmaculada, es decir, la mujer que no ha sido manchada, la virgen por excelencia. El cuerno de este mítico animal posee multitud de dones, entre ellos, el de servir para el ritual asturiano de *pasar el agua* que elimina el mal de ojo. Si las mujeres son tan importantes en este momento, ¿qué no serían las Diosas Doncellas?

Su reflejo en la vida humana.

En la antigüedad, cuando la niña comenzaba su primer sangrado, entrada directamente en lo que conocemos como la etapa o faceta de la Doncella. Su equivalente a nivel metafórico y en relación con las fases lunares, es la Luna creciente. Después de su periodo de menstruación y hasta el primer embarazo, la Doncella sangraría una vez al mes, estando su ciclo menstrual en sincronía con el de las demás mujeres de la casa y con las fases lunares (aunque no siempre es así, sí mantiene una ciclicidad aproximada de 28 días, como las fases de la Luna).

Todas las culturas han tenido ritos de celebración de esta etapa en la vida física de la mujer. Los indios nativos americanos, conservan aún ceremonias con motivo de la primera menstruación de las niñas, en las que se celebra su entrada en la pubertad con la alegría, el reconocimiento y la aceptación de aquella que ya participa en la etapa adulta y es capaz de transmitir la vida, porque este momento es el momento en que al fin, esa criatura que hasta ahora ha alegrado a la tribu, pasa a ser engendradora y por tanto, Madre de la tribu completa. Es entonces cuando la mujer aparece como *guardiana de la tradición y educadora*. Algunas mujeres eligen arriesgarse a la soledad, a no participar del rito, lo que le acarrea la no pertenencia al colectivo ya que no se la reconoce como mujer, sino siempre como niña, y en algunos casos, esto implica necesariamente la salida de la mujer del colectivo para siempre. En los ritos del pueblo apache, la niña pasa por un baño de barro y cieno, tras el cual celebra su encuentro con la mismísima Gran Madre Tierra en los ritos asociados a su primera menstruación, y toma su posición como mujer en ese momento. Es la Diosa Madre, la Gran Instructora, quien la posee en esos momentos especiales de la vida, mostrando las facetas que más adelante la niña-mujer va a vivir, como si de un oráculo se tratase. En algunas tribus africanas el niño que está preparado para su maduración como hombre se envuelve en pieles para renacer de su Tótem, pues no debemos olvidar que las facetas de la Diosa se corresponden también con los hombres; así mismo, los judíos "renacían" de una virgen para poder alcanzar el status de hombre de pleno derecho, y existía un secretismo en torno a esos ritos de paso, que sólo aquellos que habían cruzado la frontera conocían. Y es que, los ritos de paso, siempre están reservados a quienes ya han pasado por ellos, y guardan un tremendo secretismo, como parte de una iniciación vital y necesaria.

Muchas mujeres, al servicio de la Diosa en su aspecto de Doncella, tomaban (o eran obligadas a tomar) el sacerdocio con la implicación necesaria de la virginidad; este era el caso de las jóvenes vestales, que vivían recluidas en los templos de la Diosa Vesta y cuya finalidad era mantener el fuego de la Diosa para mantener la armonía en Roma, pues se creía que el que estos fuegos se apagasen sería el final del Imperio. La labor de las vestales, no se reducía a mantener el fuego de Vesta vivo, sino que además debían turnarse para su cuidado, limpiar el templo, y la preparación de la mola salsa[1]. Pero incluso las vestales, llegado el momento, abandonaban el templo para incorporarse a la vida laica, cuando ya no eran Doncellas encarnadas, y sus cuerpos se avocaban a la madurez.

- **Rango de Edad**: desde la pubertad hasta aproximadamente los 25 años
- Inicio de la primera menstruación y cada vez que hasta aproximadamente los 25 años, el ciclo termina.
- **Equivalente en la fase lunar**: Creciente

---

[1] Mola Salsa: un tipo de torta salada que se ofrendaba a los Dioses.

Aspectos de la Doncella

...

La Virgen

La Doncella, es conocida y llamada también la Virgen, pero no podemos usar este término como el calificativo que la herencia cristiana nos deja, donde María, la Madre de Jesús, no ha tenido relaciones sexuales y por tanto es virgen al concebirlo. No obstante, tenemos que tener en cuenta, que el origen judaico del término, tampoco hace referencia a una mujer que no ha tenido relaciones, sino a una mujer joven en edad fértil. La misma María no es considerada Virgen hasta el Concilio de Letrán celebrado en el año 649, donde se efectuó la definición dogmática de la virginidad perpetua de María.

Para muchos historiadores y antropólogos, el término Virgen, aplicado a las divinidades, hace referencia en realidad a "ser una en sí misma"; una mujer, entonces, que acepta su propia soberanía y no se somete. Ella actúa de acuerdo con su naturaleza y sus propias ideas, es una mujer empoderada de sí misma, es inocente e independiente, toma sus propias decisiones.

Entendiendo este concepto, comprendemos por qué muchas Diosas vírgenes o Doncellas son las que rigen los partos y los momentos anteriores y posteriores a este.

La Guerrera y Cazadora

Un claro ejemplo del papel de Diosa Cazadora y Doncella es Artemisa, Diosa de las cosas salvajes, entre otras cosas. La mayor parte de las Diosas que entran en este arquetipo son completas en sí mismas, no precisan de un consorte, aunque puedan tener varios amantes, volviendo a la idea de la mujer soberana.

La misma Diana, besaba secretamente a Endimión, guardando cuidado de que no despertara de su sueño, pese a que en otra ocasión, y sólo por hecho de haberla visto bañarse, asesinó a un pastor transformándolo en venado y haciendo que sus perros de presa lo devorasen.

Así, la Diosa en su faceta de guerrera y cazadora, impone su ley y es juez y parte, sin perder un ápice de su candor.

La Sensual y Erótica

El aspecto sensual y erótico de la Doncella, se deja ver en los cultos cercanos a Beltane, donde la joven Diosa aún no está embarazada y es pura, pero sus juegos eróticos con el Dios, son tangibles. Antes del Hieros Gamos - la unión sagrada -, la Diosa es aún joven, pasea por los campos con el Dios consciente de lo que está por llegar, pero manteniendo el juego en todo momento.

La Diosa, en su faceta de Doncella, juega inocente y erótica con el Dios, y es voluptuosa y sensual, está preparada física y mentalmente para el acto sexual, como una mujer en su adolescencia. Su sexualidad plena le pertenece, y ella elige libremente con quién y cómo ejercerla.

Cómo trabajarla, correspondencias, asociaciones.

Tabla de correspondencias:

- **Colores:** Blanco, tonos pastel: amarillos, azules y verdes suaves, naranja.
- **Animales:** Búho, ciervo.
- **Hierbas:** Flores blancas y campestres como amapolas blancas, rosas blancas; jazmín, sauce, laurel, angélica.
- **Inciensos:** Naranja, mirra, hierbabuena.
- **Ofrendas:** Naranjas, flores.
- **Estaciones:** Final del invierno, primavera, mañanas.
- **Punto cardinal:** Este.
- **Festividades:** Imbolc, Ostara.
- **Chakra**: Segundo.
- **Aptitudes y habilidades:** Representa nuevos comienzos, la juventud, la infancia, la aventura, el riesgo, la espontaneidad y la alegría.
- **Algunas Diosas que contienen el arquetipo de Doncella:** Perséfone, Hebe, Artemisa, Diana, Freya, Brigit, Rhiannon, Parvati, Venus, Chalchihuitlicue, Parvati, Inanna, Koré.

Rituales involucrados.

- Cualquier nuevo comienzo, o incluso las esperanzas y planes para nuevos comienzos.
- Inicio de un nuevo puesto de trabajo o la aplicación de un nuevo empleo.
- Durante los primeros pasos de las nuevas ideas.
- Comenzando una nueva etapa en tu vida.
- Mudarse a una nueva casa.
- El comienzo de una nueva relación, el amor o la amistad.
- Trabajo de la autonomía y la individualidad.
- Trabajo del amor
- Energía juvenil y expansiva
- Belleza y bienestar

Selección de Diosas y el trabajo práctico con las mismas.

Panteón griego
- **Perséfone**

Panteón Romano
- **Diana**

Panteón Nórdico.
- Freya

Panteón Celta.
- Rhiannon

Panteón Hindú.
- Sarasvati

Panteón Egipcio:
- Hathor

Perséfone

...

Generalmente conocida como la Diosa griega de la primavera. Cada año, al final del invierno, Perséfone retornaba a la tierra para reunirse con su Madre, Deméter, tras haber estado seis meses en el Inframundo. Ella es la Reina del Hades. Cuando marchaba al Hades, el mundo natural perdía la vida, la alegría, los colores, los frutos; pero con Su vuelta y Su reunión con Su Madre, todo cobraba vida de nuevo y la vida volvía a florecer.

También se la conocía como Koré y fue la Proserpina de los romanos (emerger). Así pues, con Ella podemos trabajar el renacimiento y la esperanza tras la noche y la desesperación. Sabiendo que siempre, llegará el amanecer.

Principalmente, trabajaremos con Ella las áreas relacionadas con:

- Comienzos de etapas
- Valor para momentos de crecimiento
- Fertilidad
- Vitalidad

Tabla de correspondencias:

- **Símbolos:** Granadas.
- **Color:** Colores tierra, verdes, plateado.
- **Plantas:** Granado, margarita, hiedra, lavanda, lirios.
- **Incienso**: Almendra, narciso.
- **Animales:** Murciélago.
- **Fase lunar**: Creciente.

Perséfone y el renacimiento

Esta Diosa, como hemos visto, rige el renacimiento, pues Ella regresa cada año, para reencontrarse con Su Madre y la tierra vuelve a la vida con la presencia de la Diosa sobre ella.

A veces, en nuestra vida humana, nos encontramos con momentos de baja energía, las cosas se tuercen y podemos sentir que hemos perdido el rumbo. Así como Perséfone vuelve a la Tierra, nosotros, podemos ayudarnos mágicamente para volver a la vida.

Necesitaremos:
- ☐ Velas blancas, tantas como deseemos.
- ☐ Aceite de oliva.
- ☐ Cerillas.
- ☐ Sal de baño de olor a flores.

Comenzaremos por colocar las velas en el cuarto de baño, encendiendo sus luces para que hagan nuestro ambiente más acogedor. Recuerda que todo en el mundo de la magia depende de cómo lo hagas, así que toma esto como parte del ritual que es. Vamos a tomar el aceite de oliva y a ungir cada vela[2].

Enciende una a una las velas con las cerillas mientras cantas algo que te traiga alegría o recuerdos positivos. Basta con tararear, lo importante es la intención. Deja una vela por encender, junto a la bañera.

A continuación, llena la bañera con agua caliente, y esparce las sales de baño. Mueve tu mano en el sentido de las agujas del reloj para disolverlas en el agua. Ahora desnúdate despacio, mientras reflexionas sobre aquello que quieres dejar atrás, piensa en cómo quieres renacer. Métete en la bañera y deja que el agua purifique tu cuerpo, sé consciente. Puedes ir diciendo en voz alta:

Perséfone, que viajó al Inframundo, conoce mi camino,
Ella regresa y yo con Ella.
Dejo atrás el cansancio en mis pies.
Dejo atrás el dolor de mi corazón.
Alejo de mí las preocupaciones de mi mente.

---

[2] Recuerda que la manera correcta de ungir una vela es del centro hacia abajo y luego del centro hacia arriba, mientras cargas la energía que deseas en ella.

Mientras haces esto, toma agua con tus manos y pásalas por aquellas partes de tu cuerpo que vas nombrando.

Enciende la vela que queda aún mientras dices:

Esta luz es la Luz,
La que me guía hacia arriba,
La que me lleva al renacer.
Esta es la Luz que Perséfone ve,
Al salir de la oscuridad,
Y su calor alimenta el crecimiento y el valor.

Toma el baño de manera relajada mientras eres consciente de que el cambio ya está hecho.

Diana

...

Diana para los romanos o Artemisa para los griegos, era la Diosa de la Luna creciente, de la vida salvaje, los bosques y la caza. Es la Diosa virgen, regidora del parto y las mujeres. También era Diosa de la música, oracular, protectora y curandera. Destaca especialmente por Su espíritu indomable, libre y autosuficiente. Ella es valiosa por sí misma, se quiere y se respeta.

Principalmente, trabajaremos con ella las áreas relacionadas con:

- Toma de decisiones
- Creatividad y facilidad en las artes
- Sanación y protección
- Consecución de objetivos
- Luz y fuerza para guiar nuestros propósitos y metas (flechas)
- Autoconfianza, autosuficiencia

Tabla de correspondencias:

- **Festividad:** 11 de agosto.
- **Símbolos:** Arco y flechas, perro, cierva, carcaj.
- **Color:** Verdes, dorado, plateado.
- **Árboles:** Roble (árbol sagrado).

- **Animales:** Ciervos, lobos, perros, osos, vida salvaje del bosque.
- **Epítetos:** "La cazadora", "La de las flechas de oro", "Diseminadora de dardos", "Reina de los bosques", "Señora de las fieras", "La osa".
- **Fase lunar:** Creciente.

Ritual de decisiones con Diana.

Vamos a hacer este ritual en el momento de nuestra vida en que necesitemos tomar una decisión y no tengamos claro qué hacer.

Necesitaremos:
- ☐ Sal marina
- ☐ Una vela de color dorado
- ☐ Cerillas
- ☐ Una punta de cuarzo o amatista
- ☐ La carta de Tarot El Carro

Comienza realizando un círculo con la sal mientras caminas alrededor de él en el sentido de las agujas del reloj, deberás dejar espacio suficiente para sentarte en él con la vela, carta y la piedra que hayas seleccionado.

Cuando esté listo, entra en el círculo de sal y enciende tu vela con las cerillas mientras dices:

Diana, Reina de los bosques,
Aquella cuyas flechas siempre aciertan en el blanco,
Te pido ayuda para este ritual,
Pues necesito ser certera en esta decisión.

Coloca la carta del Carro delante de la vela y sobre ella, la piedra que has seleccionado. Ahora habla libremente a la Diosa sobre tu duda, explica cada una de tus opciones de manera clara y expresa tu necesidad de ayuda para tomar la decisión más acertada.

Pon tu mano derecha (izquierda si eres zurdo) sobre la piedra, tocando la carta y di:

Como el Carro, me siento dividida por dos opciones,
Y a la Cazadora me acerco para solicitar Su ayuda.
Diana, guía mi mente como a un caballo,
Para que pueda decidir claramente.

Deja que la vela se consuma mientras la piedra sigue sobre la carta, después, esa misma noche, coloca tu gema bajo la almohada y espera tener un sueño revelador.

Freya

...

Esta Diosa de la fertilidad nórdica está vinculada con el crecimiento y las flores de primavera. También queda asociada a la fertilidad, y al amor, y a ser la que encabeza a las valquirias (la primera). Era la hermana de Frey e hija de Njord y Nerthus. Como hemos visto, tiene también en sí misma, insertó un aspecto guerrero como líder de las valquirias. De hecho, parte de los guerreros caídos en la batalla iban a su palacio de Sessrúmnir.

Se dice que se desplaza sobre una carroza tirada por dos grandes gatos salvajes blancos. Pero cuando no la usa, va montada sobre su jabalí dorado Hildsivín. Posee así mismo, un manto de plumas gracias al cual, se transforma en ave para desplazarse con más rapidez.

Diosa perteneciente al grupo de los Vanir, asumiendo así mismo, la magia seid, estando relacionada con la magia del otro mundo, los muertos, el despertar y el conocimiento oculto.

Principalmente, trabajaremos con ella las áreas relacionadas con:

- Amor
- Fertilidad
- Protección

Tabla de correspondencias:

- **Colores:** Verde, oro, azul, rosa.
- **Árboles:** Abedul, arce, manzano.
- **Animales:** Gavilán, halcón, gatos, jabalí.
- **Morada:** Folkwang.
- **Piedras:** Ámbar[3].
- **Trabajos**: Patrona de los amantes jóvenes, sanadora, dadora de magia, fuente de amor y paz. Escucha las oraciones de los que buscan amor y los ayuda a encontrarlo.

Buscando el amor con Freya

Los hechizos de amor, son los más complicados, porque no podemos atraer a otras personas sin romper su libre albedrío. Pero si podemos atraer amor a nuestra vida, sin que tenga que ser necesariamente un amor romántico. En nuestra vida, el amor está presente de muchas maneras, y es probablemente, una de las cosas más importantes. Quien tiene amor en su vida, tiene mucho ganado.

Necesitaremos

---

[3] Cuando Freya lloró por la desaparición de su marido Od, sus lágrimas de oro cayeron al mar y se transformaron en ámbar.

- Un saquito de tela de color blanco.
- Dos velas rosas.
- Un palillo de dientes.
- Pétalos de rosa roja.
- Papel blanco o gris.
- Un lápiz azul.

Comienza por relajarte y respirar profundamente. Entiende claramente que no estás atrayendo el amor de una persona, sino el amor a tu vida. Este amor, en sentido abstracto, se presenta en tu vida de muchas maneras: te quieres más a ti mismo, eres más feliz, aprendes a valorar a las personas de tu entorno por lo que son...

En este momento, vamos a empezar el ritual extendiendo el papel sobre una mesa o el suelo, y coloca las dos velas a los lados, guardando espacio suficiente para poder usar el lápiz con comodidad. Previamente, en estas velas deberás escribir con el palillo de dientes AMOR. Enciende las velas mientras dices:

El amor llega a mí a través de Freya,
Diosa del Amor que fluye,
Que se acerca a la vida
Y es reconocido y ensalzado.
El amor llega a mí a través de Freya,
Un amor respetuoso y cálido,
Compañero y valorado.

Toma el lápiz azul y dibuja en el papel algo que te sugiera el amor. Puede ser desde un corazón hasta un árbol, lo que tú quieras, lo que tenga significado para ti. Mientras dibujas, ten presente la idea de atraer amor a tu vida, de la alegría que eso conlleva. Es importante que llenes todo el papel posible con tus trazos.

Una vez terminado tu dibujo, coge los pétalos de rosa y colócalos sobre el papel, poniendo tu intención en ello. Dobla el papel, con cuidado de no perder los pétalos, en forma de sobre y sella con la cera de las velas. Mete todo el paquete en el saquito de tela y llévalo contigo por una luna. Pasado este tiempo, podrás quemarlo, enterrarlo o dejar que se lo lleve el agua.

Rhiannon

...

Rhiannon es la "Divina Reina de las Hadas". Es una Diosa del movimiento y el cambio, que se mantiene firme y reconfortante en tiempos de crisis y la pérdida. Su equivalente gala es Epona. Muchas veces se la representaba como una mujer con cabeza de caballo. Ella habita en Annwn, el inframundo celta y también es reina de Elfland[4].

Ella escucha y atiende las peticiones, solo si te acercas a ella con respeto, sabiendo realizar la pregunta. Es una Diosa que pide, sobre todo sinceridad en las acciones, preguntas y peticiones.

Principalmente, trabajaremos con ella las áreas relacionadas con:

- Consuelo en los momentos difíciles
- Movimiento
- Mantenerse firme ante la crisis y el cambio
- Comunicación entre mundos y planos
- Traspasar umbrales
- Superación de miedos

---

[4] Elfland: literalmente, la tierra de los elfos

Correspondencias.

- **Festividad:** Beltane.
- **Color**: Rojo y verde.
- **Árbol:** Rama de espino o de manzano.
- **Animales:** Caballos, palomas blancas, yegua blanca.
- **Epítetos:** "Divina Reina de las Hadas".
- **Runa:** Ehwaz.

Venciendo el miedo con Rhiannon

Como hemos visto, Rhiannon atiende las cosas que se piden con sinceridad. Para este ritual, tenemos que tener claro que queremos pedir, los miedos son muchos y toman formas absurdas, se esconden de nosotros mismos, a veces nos es difícil identificar claramente el miedo o no sabemos ponerle nombre. Lo primero es que tengas claro qué miedo quieres dejar atrás.

Para realizar este trabajo necesitaremos

- ☐ Una vela verde
- ☐ Una manzana roja
- ☐ Aceite de espino (opcional)
- ☐ Un cuchillo
- ☐ Una bobina de hilo blanco
- ☐ Papel
- ☐ Un lápiz de color rojo

Vamos a comenzar, encendiendo la vela que previamente habremos ungido con aceite (recuerda, de la mitad hacia abajo y de la mitad hacia arriba). Dejaremos la vela a nuestra izquierda, cerca de nuestra rodilla, pues es donde tradicionalmente, se esconden los miedos.

Partiremos la manzana en dos, con el cuchillo, de manera que la parte superior quede intacta, es decir, la parte del *rabito*, entera. Si te fijas, en el interior de la manzana hay un pentáculo.

Ahora vamos a tomar el papel y escribir en él aquello que es la fuente de nuestro miedo. Basta una palabra, o puedes extenderte si lo ves necesario.

Dobla el papel por la mitad y colócalo sobre la mitad de la manzana y tapa con la otra parte. Refuerza el cierre con el hilo, dando tantas vueltas como sea necesario.

Sostén la manzana en alto mientras dices:

Señora de la Alborada, Reina de los Caballos,
Gran Rhiannon a ti te llamo,
Transmuta mi miedo, que me impide ver más allá
Y permite que mis metas se manifiesten.
Rhiannon, te entrego mi terror,

Para que con él hagas volver la confianza,
La fuerza y la luz que insuflas a la vida.

Deja la manzana junto a la vela y espera que se consuma.

Después, busca un lugar que te inspire paz y entiérrala.

Sarasvati

...

Sarasvati o Saraswati, es la Diosa hindú del conocimiento, que anteriormente tuvo bajo su regencia los ríos, por lo que su nombre se traduce por "la que fluye como las aguas". También rige las artes, la música, la ciencia, y especialmente, el habla, el lenguaje, la acción, el entendimiento y la palabra, por lo que es tradicional hacerle una ofrenda antes de comenzar los estudios.

Sobre todo encontramos estas asociaciones a su figura a partir de los Puranas, aunque en los Vedas y en el Vedanta, también aparecía su faceta como Diosa de la elocuencia y de las artes.

Ella es hija y, a veces, esposa de Brahma. Como todas las deidades hinduistas, Sarasvati ha sufrido sincretismos y ha sido trasladada a diversas regiones.

Principalmente, trabajaremos con ella las áreas relacionadas con

- Aprendizaje intelectual (buddhi) y espiritual
- Trabajos con la energía creativa: aprendizaje de las artes, poesía, música
- Desarrollo consciente del ego (ahankara)

Correspondencias:

- **Símbolos:** Vina[5], loto blanco, libro del saber y del aprendizaje. Flores de mostaza o amarillas. Cuatro brazos representando los cuatro aspectos de la inteligencia humana: el ego, el estado de vigilia, el intelecto y la mente. En una de sus manos sostiene un rosario de piedras blancas que representa su poder de meditación y espiritualidad.
- **Animal:** Pavo real: símbolo del ego y del orgullo personal que existe dentro de todos nosotros.
- **Elemento:** Agua.
- **Incienso:** Loto, incienso indio.
- **Color:** Blanco, rosado, amarillo.
- **Ofrendas:** Dulces, frutas, flores.
- **Número:** Nueve.

Trabajando con Sarasvati para nuestro desarrollo

Para este trabajo vamos a tomar como base su fiesta principal Nava ratri. Este ritual dura nueve días en los que se medita y trabaja con la Diosa, mediante ofrendas y meditaciones acerca del intelecto, del conocimiento y del ego.

---

[5] Vina: instrumento de 24 trastes y 4 cuerdas para el acompañamiento musical.

Dejamos los libros o aquello que queremos empezar a estudiar, ya sea un instrumento de música, los apuntes, manuales, etc, cerca del altar que elevaremos para este fin y que vamos a atender en los próximos nueve días. Si lo consideramos necesario, los podemos consagrar, pidiendo que los bendiga y nos bendiga a nosotros en el proceso de aprendizaje. En el décimo día, empezaremos nuestros estudios cerrando el ciclo de ofrendas y rezos, agradeciendo a la Diosa su favor.

Además, en caso de necesidad, podemos sencillamente pedir una bendición sobre nosotros y los materiales que queremos estudiar, o realizar algún breve ritual relacionado con la inspiración y la creatividad, ya sea en nuestros estudios, o simplemente por necesidad. En este sentido, podemos hacer también unas oraciones acerca de pedir trabajo ofreciendo rezos y adoraciones con fuego o agua.

Colocar un ojo de tigre sobre tus apuntes o libros durante estos días de trabajo con Sarasvati, y luego portarlo a la hora de ir al examen, también ayudará. Consagra si lo deseas la piedra a la Diosa para este fin.

Algunas ideas para este tipo de trabajo son: elige un lugar cerca de donde estudias normalmente, y pon un paño de color amarillo que haga las veces de mantel; busca una imagen de Sarasvati para tener presente en el trabajo (puede ser una estatua o una lámina que pongas en un marco preferiblemente de madera); hazte también con un cuenco pequeño para ofrendar agua habitualmente, así como un plato de ofrendas para los pasteles, frutas o flores… Un altar es un elemento vivo, y como tal deberás atenderlo cada día, retirando el polvo y las ofrendas antiguas, colocando nuevas ofrendas y dedicando un tiempo a meditar y trabajar con la Diosa.

No existe una fórmula que sirva más que otra para este tipo de peticiones, lo ideal es que sinceramente, solicites su ayuda y guía de acuerdo con tus necesidades.

Hathor.

...

Su nombre significa "Casa de Horus" y es conocida con varios epítetos como "El Ojo de Ra", "La Señora del Occidente", "La Señora del Cielo", "La Dama de las Estrellas", "La Dorada"... En algunos mitos también recibe el nombre de la estrella Sothis "el segundo sol" al relacionarse ésta con la crecida del Nilo. Se la concibe como una Diosa dadora de vida, también relacionada con los muertos. En los Textos de las pirámides, Hathor dice a su hijo: *"toma mi pecho para beber, para que puedas vivir de nuevo"*.

Para mucho estudiosos, Hathor fue asociada por los griegos a Afrodita, ya que también regía el amor sexual.

Hathor era poseedora de un espejo mágico con el que podía ver el futuro, este espejo mágico tenía este poder entregado por el ojo de Ra. Existían para los egipcios dos clases de ojos, el derecho y el izquierdo. Mientras que el primero era blanco y solar (el ojo de Ra) el segundo era negro y representaba la Luna.

El sicomoro era sagrado para Hathor, y más tarde para Isis, quien se hizo con la mayor parte de los atributos de esta Diosa. El sicomoro era un árbol sagrado que ofrecía sombra y refresco para los muertos cuando emprendían su viaje de este mundo al otro.

Principalmente, trabajaremos con ella las áreas relacionadas con

- Creación de nuevos proyectos
- Renacimiento
- Trabajos oraculares
- Potenciar nuevos trabajos

Correspondencias:

- **Símbolos:** Cuernos de vaca, disco solar, vaca, menat[6], espejo de cobre o metálico.
- **Planta**: Sicomoro
- **Ofrenda:** Leche

El espejo de Hathor, una mirada al futuro

Como hemos visto, Hathor era poseedora de un espejo mágico con el que podía ver el futuro. Nosotros podemos crear nuestro propio espejo de scrying para este fin, y consagrarlo a la Diosa para que nos ayude con las visiones.

---

[6] Menat: collar sagrado de la curación

Para crear el espejo de Hathor vamos a precisar:
- ☐ Un espejo negro de cristal u obsidiana.
- ☐ Leche para ofrendar
- ☐ Una imagen de Hathor
- ☐ Tres velas doradas
- ☐ Incienso de loto
- ☐ Un cuenco con agua

Vamos a montar un altar sencillo con la imagen de Hathor, las tres velas doradas, la leche y el incienso. A continuación, colocaremos nuestro espejo en el altar.

Ahora es el tiempo que dedicaremos a centrarnos en el trabajo que vamos a realizar para canalizar nuestra energía a esta finalidad concreta. A continuación enciende las velas y el incienso, toma el espejo entre tus manos y elévalo por encima de tu cabeza diciendo:

Hathor, Señora del Cielo, que tienes el don de ver el futuro,
Ante Ti presento este espejo para que me sirva como herramienta,
Para ver en él aquello que está por llegar.
Bendice mi espejo, como el tuyo lo está,
Para que me sirva, limpio y purificado,
Actuando en mi servicio para todas las cosas.

Ahora coloca el espejo en el altar. Arrodíllate y coloca tu mano derecha sobre él mientras con la izquierda coges el incienso y lo pasas sobre él diciendo:

Por el Aire y el Fuego, yo te purifico,
Para que sirvas para mis fines mágicos.

Coge una de las velas, y refleja su llama en el espejo diciendo:

Por el Fuego, yo te purifico,
Para que sirvas para mis fines mágicos.

Toma por último el agua con la mano y derrama un poco sobre tu espejo diciendo:

Por el Agua, yo te purifico,
Para que sirvas para mis fines mágicos.

Toma el espejo con las dos manos y levántalo diciendo:

Hathor, Señora del Occidente, te presento mi espejo,
Ya es puro y cae sobre él tu brillante bendición.
Que desde ahora se convierta en la herramienta
Que use para desarrollar mi visión.
Así es y así será.

Con esto, tu espejo está consagrado. Recuerda que debes guardar tu espejo cubierto con una tela o paño oscuro.

SEGUNDA PARTE

***

LA MADRE

...

Introducción a la faceta de la Madre.

La Madre es la Diosa en su aspecto como sustentador del Universo. Ella es la Diosa de la maternidad, de la crianza y la providencia. Según la perspectiva jungiana, la Diosa Madre, es un concepto innato de la mente humana, anterior al nacimiento. La Madre que nutre al hijo, que le da calor, que le consuela, le protege y le da seguridad.

Su fase lunar es la Luna Llena, que representa el momento de mayor plenitud en la vida. Es fértil y da fruto, pues Ella es fruto y árbol a la vez. Es el instante adecuado para bendiciones, finalizar e iniciar propósitos, toma de decisiones y asentamiento.

En este lapso de la luna llena aumentan los poderes de percepción extrasensoriales y es el momento apropiado para realizar las invocaciones de la Diosa lunar, los rituales de la fertilidad, las transformaciones, las conjuraciones de espíritus y los hechizos que aumentan las habilidades psíquicas y los sueños proféticos. De acuerdo con el antiguo folklore europeo, el poder de la luna llena también puede transformar mágicamente al ser humano en bestia y a la bestia en ser humano, por lo que la Madre rige el momento de los cambios físicos y mentales.

Tradicionalmente, se dice que nacen más niños en Luna llena que en el resto de las fases lunares, y de hecho, hasta hace bien poco, se contaban los embarazos por lunas.

La Madre es nutricia, y todos los aspectos relacionados con los niños, en su fase lactante, se acercan a este arquetipo, la misma leyenda sobre la creación de nuestra Vía Láctea tiene como idea a la Diosa que derrama su leche en el cielo. Es por tanto, una faceta muy presente en nuestra vida.

La Madre no abandona, se mantiene a tu lado en los momentos de tu vida que decides acercarte a Ella. Conecta fuertemente con todo tu ser, pues todos hemos sido paridos y nacemos de una Madre terrenal. Este vínculo es muy sencillo de crear. Ella toma tu mano y es tu sustento en el camino, puedes solicitar amparo, ayuda o sencillamente seguridad. Una Sacerdotisa del Templo de Hécate dice siempre: La Diosa nunca deja a ninguno de sus hijos. Esta es la faceta de la Madre, la que nunca deja a nadie a su suerte.

A lo largo de la historia, hemos visto que el papel del hombre destaca, o ha sido destacado, mejor dicho. Esto es lo que conocemos como androcentrismo, pero poco a poco y con el auge de los estudios de género estamos asistiendo a la aparición de estudios históricos y de otras disciplinas, que pretenden dar a la mujer, la importancia y el papel, que se ha ocultado a lo largo de la historia. Incluso en los estudios de prehistoria, se ha destacado la importancia del guerrero, del cazador o del jefe. El papel de la mujer, siempre ha sido definido como aquella que queda recluida en el hogar, en la cueva o en el campamento. Pero desde los años setenta del siglo pasado, se empezó a dar importancia a la mujer como agente activo, como recolectora. Aun así, se ha visto siempre una división sexual del trabajo, pero nos encontramos casos de sociedades en las que las mujeres participan activamente en actividades que se consideran masculinas como la caza.

También debemos de mencionar que nos encontramos en estos tiempos ahistóricos, materiales que nos revelan una importancia de la figura femenina, o por lo menos, de los valores que en estas sociedades históricas simbolizaban. Todos conocemos las figuras de las numerosas Venus paleolíticas, que tienen desde luego, una antigüedad de por lo menos entre 30.000-20.000 años. (Venus de Laussell, de Lespugue, de Willendorf, de Grimaldi, de Dolni Vestonice, etc) Encontramos numerosas interpretaciones acerca del significado de estas figurillas, pero entre ellas, destaca la de la representación de un ideal de belleza, donde una mujer con gran tejido adiposo y caderas anchas, era la misma representación de la fertilidad y la garantía de un buen alimento y sustentación del niño. En relación a esto, está la interpretación de que dichas figuras eran representaciones de la fertilidad, donde se representa a la mujer en su papel de Madre fértil que con sus órganos sexuales femeninos destacados, exalta la fecundidad y su capacidad de generar vida.

En el Neolítico la situación cambia, pues el contexto cambia. Poco a poco, la recolección y la caza empiezan a dejar paso a la agricultura, y por lo tanto, a la sedentarización de las sociedades. Este fenómeno tendrá un fuerte impacto en la concepción y construcción del mundo. Las mujeres cultivarán también la tierra y se encargarán de elaborar cerámicas. Es en estos momentos, donde los antropólogos y los prehistoriadores, han querido ver por los restos arqueológicos y por medio de la arqueo-lingüística, la existencia, sino de un matriarcado, por lo menos sí de un matrilineado. De modo que antes de la llegada de los indoeuropeos, muchos afirman que en la vieja Europa, existía un fuerte poder femenino frente al masculino, tanto en las divinidades como en las formas de organización sociales. Aunque toda esta información debería de ser tratada con cautela, pues carecemos de datos suficientes.

Pero lo que nos interesa ver, es que en el Neolítico, se produce la dominación de la tierra, y esta misma, como dadora del sustento principal de las sociedades, adquiere un carácter sagrado, como Diosa y Madre sustentadora. La Diosa del Neolítico, es la misma tierra, fértil, fuerte, fecunda, dominante, impredecible. Es entonces, a partir de este momento, cuando la mujer adquiere un verdadero papel de Deidad Madre, que pervivirá en las sociedades futuras. La mayoría de las representaciones de estos momentos, son Diosas con forma de serpiente, de pájaro, sujetando bebés, sentadas en tronos franqueados por bestias. Ella representa el sustento de la vida, el fruto, el parto, y también la muerte y la vuelta a ella misma. Numerosas son las tumbas que se encuentran con individuos enterrados en posición fetal, de modo que se ha interpretado esto, como la vuelta al útero de la gran Madre. No podemos olvidar que esta Diosa, es destructora y dadora de vida en partes iguales. Es la manifestación de los poderes destructivos de la naturaleza. Ella es la miel, y la abeja. Ella es la ortiga, y la cesta. Ella es la vida, la muerte, la tierra, el agua, la vegetación, los animales…

Su reflejo en la vida humana.

Después de su primer sangrado, y de haber entrado en el ciclo de la Doncella y la Luna creciente, cuando la mujer tiene su primer embarazo, se considera que entra de lleno en la segunda etapa o ciclo: El de la Madre correspondiente con la fase de la Luna llena. Con todo y con esto, no hace falta ser Madre biológica para "entrar" en el ciclo de la Madre.

En este segundo ciclo, la mujer toma conciencia de su experiencia, es responsable y madura. Muchos han caracterizado esta etapa como la etapa del verdadero esfuerzo, de la dedicación y de la actividad por excelencia.

- **Rango de Edad:** desde aproximadamente los 25 años hasta la menopausia
- Los momentos de plenitud y madurez sexual
- **Equivalente en la fase lunar:** Creciente

Aspectos de la Madre

...

Dadora de vida y muerte.

La Madre es la Dadora de vida, Ella cambia todo lo que toca. Es el vientre fértil del que todos venimos, una vez fecundados por la energía masculina del Dios. Es lo opuesto y complementario al Dios, porque a diferencia de la esencia pura de la Divinidad, necesita de un némesis que le dé sentido. La Madre es el punto que equilibra la balanza de lo masculino, la esencia de la Madre que da vida y, por tanto condena a la muerte.

La Gran Madre es la dadora de vida, pero es el Dios en muchos aspectos, es quien devora a sus hijos como en el caso de Saturno. Por eso no podemos comprender completamente a la Madre sin comprender al Dios, que genera la vida.

En cuanto a su papel de Gran Madre, es la que gesta y alimenta, la que favorece la vida y da a luz, pero complementariamente, contiene energía en sí misma del Dios, que condena a la muerte a sus hijos, pues vivir implica morir, y Ella da la vida.

Es Madre y Muerte, los dos rostros de la vida pura. Todo ser debe morir necesariamente, y la Madre es la razón primigenia para encontrar sentido a este ciclo. Sólo hay una cosa que todos sabemos a ciencia cierta en el momento que tomamos conciencia de que estamos vivos: que vamos a morir.

Cómo trabajarla, correspondencias, asociaciones.

Tabla de correspondencias:

- **Colores:** Rojo, blanco.
- **Animales:** Loba, osa, jabalina.
- **Hierbas:** Roble, cúrcuma.
- **Inciensos:** Loto, incienso.
- **Ofrendas:** Manzanas, pastelitos dulces.
- **Estaciones:** Verano, las tardes.
- **Punto cardinal:** Norte.
- **Festividades:** Esbats.
- **Chakra:** Cuarto.
- **Aptitudes y habilidades:** Compromiso, seriedad, dedicación (frente a algo), protección, consuelo.
- **Algunas Diosas que comparten el arquetipo de la Madre:** Hera, Isis, Deméter, Macha, Madre Maíz, Gaia, Rea, Juno, Venus, Ceres, Ixchel.

Rituales involucrados

- Parto: antes, durante y después.
- Finalización e inicio de proyectos.

- Bendiciones, protecciones.
- Dadora del consuelo.
- Fertilidad, matrimonio.
- Toma de decisiones.
- Desarrollo de la intuición y la espiritualidad.

Selección de Diosas y el trabajo práctico con las mismas.

Panteón griego
- **Deméter**

Panteón Romano
- **Cibeles**

Panteón Nórdico.
- **Frigg**

Panteón hindú
- **Durga**

Panteón Egipcio:
- **Anuket.** Aguas primordiales y personificación del Nilo como dadora de vida.

Deméter.

...

Deméter es la Madre Oscura de la cosecha y el grano. Ella era la Madre de Perséfone, quien fue raptada por Hades y llevada al Inframundo. El dolor que Deméter sintió ante la pérdida de su hija, hizo que los cultivos de la tierra se marchitaran, murieran y se quedarán estado latente. En el momento en que recuperó a su hija, supo que Perséfone había comido seis semillas de granada en el Inframundo, y así fue condenada a pasar seis meses del año en el inframundo con Hades, alejada de Su Madre, y seis meses con Ella después cada año. Estos seis meses, en los que Perséfone vuelve al Inframundo, son la época en que la tierra se muere, y comienzan en el momento del equinoccio de otoño. Cada año, Deméter llora la pérdida de Su hija durante seis meses.

Principalmente, trabajaremos con ella las áreas relacionadas con:

- Abundancia
- Energía y fuerza para la vida
- Consuelo y protección

Tabla de correspondencias:

- **Símbolo:** Serpientes, doble hacha, paloma, leones, leopardos.

- **Ofrendas:** Granadas, rosas[7].
- **Trabajos:** Protección, abundancia.

Trabajando la pérdida con Deméter.

Así como Deméter pierde a su hija, nosotros en nuestra vida vamos a perder a personas queridas, e incluso la pérdida o ruptura de objetos a los que tenemos especial apego. Comienza tomando conciencia del acto mágico que vamos a realizar.

Trabajar la pérdida es algo que nos hace bien a muchos niveles. Cuando una piedra, gema o elemento de tierra se nos rompa, podemos enterrarlo y devolverlo a tierra, agradeciendo siempre el tiempo que estuvo con nosotros, así podemos decir algo como:

"Cuarzo rosa, que has estado conmigo por este tiempo, agradezco tu energía y lo que me has aportado, así como Deméter se dolió de la pérdida de su hija, yo me duelo de tu pérdida, pero también sé que volveremos a encontrarnos"

Honra a Deméter en Ostara, cuando la tierra comienza a vivir. Pide que te ayude a renacer de nuevo, y medita con Ella. Comunícale tu dolor, pide que lo transmute, como transmuta la tierra yerma en vida.

---

[7]Las rosas son consideradas símbolo de resurrección

Cibeles.

...

Su nombre, en su forma más antigua era *Kubaba*. El culto a Kubaba aparece ya en Kerkemis, extremo oriental del imperio hitita. Desde éste luchar, empezaría a desarrollarse hacia el oeste hasta llegar a Roma. Se trataba de una Diosa anatolia cuyo culto estaba relacionado con la devoción en torno a un meteorito, como imagen de la Diosa. Vemos desde el principio, que es una Diosa ctónica, relacionada con el subsuelo y el culto a las cuevas.

Era guardiana de los muertos, Diosa de la fertilidad y de la vida salvaje. Tiene una relación directa con Diosas como Artemis o Afrodita. En época romana y griega se la llama "Madre de los dioses". Es aquella de la que procedemos y a la cual, hemos de volver. Tiene un papel de Madre universal, como Gea, en Grecia. Un himno de finales del siglo II nos lo muestra:

> *"El alimento de la vida, tú repartes con eterna lealtad. Y, cuando la vida nos ha dejado, nos refugiamos en ti. Así todo lo que das, regresa a tu vientre."*

Principalmente, trabajaremos con ella las áreas relacionadas con:

- Abundancia
- Equilibrio en los diversos aspectos de la vida
- Energía y fuerza
- Fertilidad

Tabla de correspondencias:

- **Símbolo:** Serpientes, doble hacha, paloma, leones, leopardos.
- **Ofrendas:** Granadas, rosas (como símbolo de resurrección)
- **Trabajos:** Protección, abundancia.

Solicitando la Abundancia a Cibeles.

Como Diosa asociada a la protección y la abundancia, podemos hacer un pequeño ritual solicitando a Cibeles abundancia en nuestra casa. Lo haremos de manera sencilla, para recordar que la magia no precisa de grandes ritos, sino que cualquier movimiento de energía por humilde que sea, nos lleva al trabajo realizado.

Vamos a poner un altar a Cibeles en el salón de casa o en la cocina y a atenderlo por siete días. En este altar dispondremos de una imagen de Cibeles, dos espigas de trigo cruzadas sobre la mesa, una vela dorada que prenderemos y dejaremos consumir una vez al día, y unas monedas doradas.

Coloca en tu altar elementos que te acerquen a la Diosa Cibeles como pueden ser: granadas maduras, rosas amarillas, maíz, arroz, y cualquier tipo de legumbre en pequeños cuencos. Hay personas a las que les gusta vestir su altar con manteles, los colores amarillos, naranjas o violetas serán perfectos para esto. Recuerda que todo lo que coloques en el altar depende de ti, y que tú darás entidad a este trabajo. Tómate el tiempo necesario para centrarte en el trabajo que vas a realizar.

Una vez al día, prende la vela dorada y haz una pequeña oración. No necesitas grandes palabras, por ejemplo:

Cibeles, tú que haces crecer el alimento y la vida,
Tú que atraes la abundancia y velas por los hombres,
Ayúdame a atraer a mi casa tus gracias.
Reina Cibeles, Madre y fruto,
Útero fértil de la tierra,
Atrae a mi casa lo que necesito.

Sé honesto y pide de corazón aquello que necesitas.
Deja que la vela se consuma.

Frigg.

...

Es la esposa de Odín. Diosa nórdica de la fertilidad y el amor. La palabra inglesa *friday* deriva del "Día de Frigg". A veces, recibía el nombre de Dama Blanca del Solsticio de Verano pero sobre todo, era conocida como una Deidad de sabiduría. En ella podemos encontrar el valor, el cariño y la protección de una Madre Sabia. La quietud es una de las virtudes que más destacan en Ella, por eso, como hemos dicho anteriormente, se la tiene como la "silenciosa Deidad de la sabiduría".

Principalmente, trabajaremos con ella las áreas relacionadas con:

- Ritos de fertilidad
- Sabiduría y conocimientos
- Protección y valor
- Solicitar momentos de quietud

Tabla de correspondencias:

- **Colores:** Blanco puro, colores oscuros.
- **Símbolo:** Plumas de garza, llaves de la sabiduría.
- **Animal:** Garza.

Trabajando nuestra fertilidad creativa con Frigg.

Es la Diosa nórdica de la fertilidad y el amor, pero la fertilidad no se queda solo en la idea de tener un vientre fructífero. El nacer de las ideas es parte de la fertilidad, de mente si queremos entenderlo así.

Para este hechizo necesitarás una vela azul y dos velas blancas, una labradorita (en su defecto un ámbar o un granate), un símbolo del trabajo creativo que haces (pincel, lápiz, gubia...), un poco de salvia blanca y una pluma.

Comienza realizando unas respiraciones profundas que te sirvan para ponerte en consonancia con el trabajo que vas a hacer. Esto es fundamental en cualquier trabajo que vas a realizar.

Coloca las velas haciendo un triángulo grande y después enciende las tres velas mientras te centras en atraer la creatividad a tu vida. En el centro del triángulo, pon el símbolo de tu trabajo y cúbrelo con salvia blanca. Con tu mano fuerte, sostén la pluma mientras pasas con la otra mano tu labradorita sobre las velas diciendo:

Frigg, Señora del Vientre Fértil,
Que engendras sabiduría y fuerza,
Trae a mí la creatividad,
Fértil y grande,

Para que pueda servir a aquellos propósitos que deseo.

Ahora, debes tomar la salvia y ponerla en un incensario, quémala y mientras lo haces, deja que el humo de la salvia pase a tu piedra con ayuda de la pluma, mientras dices:

> *Salvia blanca, te presento esta Labradorita,*
> *Que me servirá para atraer la creatividad,*
> *Por medio de la intermediación de Frigg,*
> *Señora de todo lo creado.*

Lanza al aire las cenizas y la pluma mientras agradeces interiormente la ayuda prestada por Frigg. Ahora, deja la labradorita junto a tu herramienta de trabajo, y espera a que las tres velas se consuman por completo.

Durante siete días, llevarás la labradorita contigo, y cuando te acuestes la pondrás bajo la almohada. También de debes llevar tu herramienta y una vez al día, trabajar con ella de modo aleatorio, garabateando en un papel, modelando sin pensar el qué, o escribiendo palabras inconexas, aproximadamente a la misma hora que hiciste el ritual.

Danu

...

Danu es la Diosa Madre celta, también llamada Dana, Ana o Anu, "la que fluye". Ella es la Madre del Dagda, el principal jefe de todos los Tuatha Dé Danann[8]. Regía los ríos, el agua, los pozos, la prosperidad, las colinas, los túmulos, la magia, y la sabiduría.

En sus inicios se trataba de una Diosa Solar, asociada a la fertilidad y la vida, que más adelante pasaría a ser una deidad lunar. Esta Diosa era el todo del que descendía toda la existencia, pues ella es el principio femenino de la naturaleza. Algunos autores creen que el río Danubio recibe su nombre de esta Diosa. Lo que sí sabemos con certeza es que se trata de una Diosa protocelta.

Los celtas además asociaron la constelación de Casiopea con esta Diosa, quien desde el cielo vela por sus hijos.

Principalmente, trabajaremos con ella las áreas relacionadas con:

- Fertilidad y abundancia.
- Desarrollo de poderes psíquicos
- Prosperidad económica
- Nuevos comienzos

---

[8] Tuatha Dé Danann del irlandés antiguo, literalmente, "de la tribu de Danu"

Tabla de correspondencias:

- **Colores:** Plata, azul, blanco y verde.
- **Símbolo**: Hacha, cayado.
- **Animal:** Serpiente, caballos, gaviota y todas las aves marinas.
- **Plantas**: Serval, manzano.
- **Ofrendas:** Manzanas, calderos con agua, flores.

Adivinando el futuro con Danu

Como Diosa Madre, regente de la sabiduría, la magia y las aguas, Danu nos servirá de guía para este trabajo de adivinación.

Antes de comenzar, deberás tener clara la pregunta que vas a hacer, recuerda que cuanto más certera es la pregunta, más acertada es la respuesta. Para este ritual sólo necesitas una vela plateada, un recipiente grande con agua, papel y un lápiz.

Personalmente, siempre que hago este ritual, prefiero usar el lavabo de casa, ya que es grande y me permite el espacio que necesito. Llena tu recipiente de agua mientras mantienes tu pregunta en la mente, y después prende la vela.

Corta el papel en tantos trozos como respuestas posibles tenga tu pregunta y escríbelas (si la respuesta podría ser desconocida añade un papel con la palabra OTRO). Dobla cada papel por la mitad y sostenlos en tu mano fuerte, sin apretar mientras dices:

Danu, Señora y Madre de los Tuatha Dé Danann,
Que observas las vidas de tus hijos desde tu trono celestial,
Dame la respuesta verdadera,
A la pregunta que te formulo,
Pues Tuyo es el conocimiento infinito de todas las cosas.

Haz tu pregunta a continuación y arroja los papeles al agua. Mete tu mano fuerte en ella y gira tres veces el deosil. El primer papel que se abra por completo, será la respuesta a la pregunta que has hecho.

Durga

...

Ella es la Diosa del grano y la batalla. Su nombre significa "Fuera del alcance", "La invencible" o "La inaccesible", es una feroz guerrera.

Cuando hablamos de deidades hindúes tenemos que tener en cuenta la complicada estructura de este panteón. En realidad, Durga, es uno de los muchos aspectos de Kali, una de las Diosas más populares del hinduismo. Durga se representa como una feroz guerrera de diez brazos, matadora de dragones y demonios, que a su vez es amorosa y gentil con quienes la adoran.

Principalmente, trabajaremos con ella las áreas relacionadas con:

- Fuerza ante las adversidades
- Consuelo
- Sanación física y emocional

Tabla de correspondencias:

- **Colores:** Blanco, rosado, rojo.
- **Símbolos:** Tridente, espada, lanza, rayo.
- **Animal:** Tigre.

- **Incienso:** Loto.

Sanando nuestro cuerpo con Durga

Para este pequeño hechizo vamos a necesitar chips de canela, una vela azul, una vela roja, incienso de loto, bolline y una bolsita de tela roja.

Céntrate un momento en tu objetivo. Levanta tu Círculo como lo haces normalmente, enciende el incienso de loto y pásalo tres veces sobre cada elemento que vamos a usar en el ritual mientras invocas a Durga con aquella oración que prefieras, como por ejemplo:

Gran Madre Universal,
Señora de lo que existe,
A ti te llamo, para que vengas a mi Círculo,
Para que lo protejas y me acompañes
En el trabajo mágico que haré esta noche.

Ahora enciende la vela roja.

Coloca junto a tu vela roja la vela azul, donde habrás escrito: SALUD con ayuda de la punta de tu bolline. Pasa la vela tres veces de nuevo por el incienso mientras te concentras en aquello que necesitas para tener una salud plena. Piensa que el cuerpo está compuesto por muchos cuerpos, visibles e invisibles. Nuestra mente y nuestro espíritu pueden enfermar. Céntrate por unos minutos en lo que vas a pedir.

Ahora haz un círculo en torno a las dos velas con los chips de canela, y prende la vela mientras pides sanación:

Durga, Madre de todo el Universo,
Bendice todas las partes de mi cuerpo,
Y ayúdame a sanarlas.
Armoniza mis palabras, pensamientos y acciones,
Para que todo mi ser trabaje con un mismo fin.
Así sea.

Deja que las dos velas se consuman y luego recoge los chips de canela, pásalos de nuevo por incienso de loto, mientras visualizas cómo se cargan de la energía de la Diosa. Guarda estos chips en una bolsita y llévala contigo por 14 días.

Anuket

...

Anuket, también conocida como *Anqet, Anukis, Anket* o *Anjet*. Era una Diosa y la personificación del Nilo en el Alto Egipto en la zona de Asuán. Se cree que su nombre significaba "rodear" o "abrazar", con esto nos referimos al hecho de abrazar y ser nutritiva de los campos en torno al río. Por eso podemos decir que esta Diosa, nos permite trabajar el equilibrio, las necesidades materiales, la prosperidad, la riqueza... Es una Diosa de abundancia, que nos trae el llenar nuestra vida de todo lo que necesitamos.

Para trabajar con Ella, lo primero que tenemos que tener en cuenta son sus correspondencias propias y sus símbolos.

Principalmente, trabajaremos con ella las áreas relacionadas con:

- Fertilidad
- Trabajos emocionales
- Abundancia en todos los aspectos de la vida

Tabla de correspondencias:

- **Animales:** Gacela y plumas de avestruz.
- **Colores**: Oscuros.

- **Símbolos**: Ank, cetro.
- **Carta del Tarot**: Emperatriz.

Trabajando la abundancia con Anuket.

Vamos a disponer un altar en el que pondremos un paño oscuro, con siete velas de colores tierra y azules profundos en círculo. Si nos gusta más, de color verde oscuro. En el pondremos también tres plumas de color negro, gris o marrón que colocaremos en el centro del círculo y sobre ellas la carta de la Emperatriz.

Prendemos un incienso de loto, que eran las flores que crecían en las orillas del Nilo.

Ahora vamos a meditar sobre qué es lo que queremos que venga a nosotros. La abundancia puede presentarse en nuestra vida de muchas maneras. Intenta ser lo más concreto posible, al meditarlo, ¿qué es lo que necesito? ¿Estoy seguro de que esto es lo que quiero? Pide sólo lo que necesitas, porque ante el vicio de pedir, está la virtud de no dar, como dice el refrán: pide lo que necesitas de verdad, y no pidas ilimitadamente, sé realista con tus necesidades.

Una vez que tengas claro lo que realmente necesitas para tu vida, concéntrate en ver como eso ya ha llegado a tu vida, piensa en qué vas a hacer ahora, que tu problema está resuelto.

Es el momento de que pidas verbalmente a Anuket lo que quieres. Dirígete a Ella directamente. Puede usar sus epítetos y referirte a Ella como *"Señora de Nubia"*, o *"La que abraza"*. No hace falta que sea pomposo o tenga muchas florituras, pide con el corazón lo que quieres.

Ahora enciende las siete velas y deja que se consuman. Después, toma las plumas y ofréndaselas, echándolas al viento mientras dices:

Que vuelen hacia ti las plumas, que lleven mi mensaje, te doy la gracias Anuket, por lo que traes a mi vida.

TERCERA PARTE

***

LA ANCIANA.

...

Introducción a la faceta de la Anciana.

La Diosa Anciana es concebida como la última etapa o estadio de la vida en general. Lo físico, lo material, el cuerpo, se presenta débil, de cara al exterior, pero ahora, en este momento, es cuando el interior, el poder espiritual, el poder psíquico están en su máximo, en su cénit. La Anciana, representa, por lo tanto, el estadio máximo de la espiritualidad, de la magia, del saber y del conocimiento. Es por esto, por lo que se la ha visto quizás, tradicionalmente como patrona de las brujas, o como la

abuela que todo lo sabe, todo lo ve, aportando sabios consejos a sus hijos. Como la niñera que siempre ha estado ahí, junto a ti, cuando estabas enferma, cuando estabas triste, abatida. La que conoce todos tus secretos, tus luces y tus sombras.

Su fase lunar sería la Luna menguante, representando por lo tanto, el fin de los ciclos, el momento de dejar lo "malo", lo negativo, aquello que no sirve, que nos duele y está estanco, para poder dar paso a la transformación y a la renovación. En este sentido, relacionaríamos a la Anciana con las cartas de la Muerte y el Mundo. Si nos fijásemos en las runas, la identificaremos con Eiwaz y quizás también, con Mannaz, pero eso quizás dependa de una interpretación personal.

La Anciana, es rompedora de los antiguos esquemas, pero no solo porque estos puedan ser negativos, sino por ser estancos e inservibles. Solo así, se da paso al conocimiento y a la renovación. Por eso, la Anciana es la faceta de la Diosa más dinámica. Si te conectas con Ella, no tienes asegurada la estabilidad perpetua, sino que el cambio, y la continua renovación, estarán siempre contigo, aprendiendo y transformándote siempre, naciendo y muriendo, siguiendo las fases de la luna, mudando tu piel como la serpiente, pues solo así se crece, ¿no? Buscando continuamente la sabiduría, buscando continuamente retos, pruebas que nos hagan saber de qué estamos hechos, que nos hagan saber de qué somos capaces. Y en el caso que no tengamos las capacidades necesarias, tranquilo, que terminarás desarrollándolas por el continuo esfuerzo. Tanto si la buscas tú, como si llega a ti, si de algo vas a estar seguro, es de la transformación y del continuo crecimiento, del cambio a través de pruebas y de continuas rupturas y vueltas de tuerca. Continuamente viajarás por tus infiernos. Esto, quizás, eche para atrás a aquellos que tengan pensado sintonizarse con esta energía o que han sentido la llamada de la Anciana, pero he de decir: no temas.

La primera vez bajarás al infierno de su mano. Ella no te soltará, tenlo por seguro, pero tampoco va a evitar que te tropieces o te asustes. Hay que aprender, y solo se aprende así. Enfrentándose a la realidad, a los cambios, a los retos y a tus miedos. Enfrentándote a ti mismo, observando y aceptando tu sombra. Esa parte de ti que niegas. Ella te muestra lo que te duele. Te enseña lo que te aterra. Para que así, te enfrentes a ello y salgas renovado y fortalecido.

Cuando salgas del infierno, te sentirás otra persona: más fuerte y con una gran aliada. Pero, ojo, una vez que has empezado, no será la última vez que bajes al inframundo. Y aviso, la segunda vez vas solo. No hay mano a la que sujetarse… Ella está ahí, a tu lado, pero es invisible. Esta vez, con la experiencia como arma, te enfrentarás solo a tus miedos, a tus retos. Eso sí, ella nunca te va a olvidar, siempre está detrás observándote, atenta de tus pasos. Siempre está brillante en la noche, para que cuando alces la mirada, recuerdes que está ahí. Porque, sino lo haces tú solo, nunca aprenderás.

En este sentido, y relacionado la cuestión con el chamanismo, me recuerda a la tortuga como animal: Gran Madre Sabia que deja a sus hijos, a sus crías, que logren lo que quieran (en este caso, llegar al mar desde la orilla de la playa) por propios medios. Con la Anciana, uno cultiva la autosuficiencia. Uno, termina dándose cuenta de su potencial, de lo que hay en su interior; y como la tortuga, uno termina no teniendo apego a ningún hogar, porque en el interior de nosotros mismos está el verdadero hogar. La Diosa Anciana, hace que tú mismo te des cuenta de tus armas, de tus flaquezas, de tus fortalezas, de todo, y todo ello a través de la experiencia, de mirar hacia uno mismo, de mirar hacia dentro y de pasear por tus infiernos guiado por Su luz.

Por todo esto se la considera la faceta más sumida en las tinieblas. Combina el papel de jueza aterradora y devoradora, dadora de muerte. Junto con el de guía por los infiernos, el conocimiento y la esperanza cuando todo parece acabarse.

Su reflejo en la vida humana.

- **Rango de Edad:** 50-55 en adelante.
- Menopausia
- **Equivalente en la fase lunar:** Menguante o nueva.

Llegar a los cincuenta, en el ciclo vital, tanto de un hombre como de una mujer, supone un momento clave en la vida. Muchos hemos oído aquello de "la crisis de los 50". Es un momento en el que uno se percata de que, por lo general, se ha llegado a la mitad del ciclo vital. El momento de reordenar nuestros planteamientos, nuestras ideas, nuestro camino y nuestra vida en general. Por lo general, parece estar extendida la sensación de que nuestro ocaso llega. De que, desde ahora, en adelante, iniciamos un camino en el que menguamos. Un camino donde nuestra vida, nuestro aliento, nuestras fuerzas y nuestro ánimo decaen. En este momento, justo en ese momento, es cuando nos tenemos que percatar que justo, ahora, es cuando verdaderamente somos poseedores de un potencial espectacular. Lo físico, lo material, lo más mundano, a partir de ahora empieza a decaer. Mientras que lo espiritual, nuestro interior, nuestra experiencia y nuestra sabiduría es nuestro verdadero tesoro. Un momento clave en el que la potencialidad psíquica, sapiencial y experiencial, está en su auge.

En la antigüedad y en culturas tribales (generalmente regidas por un matriarcado, o un sistema de organización en el que la mujer no es un actor que esté marginado) el momento de la menstruación es clave. Un momento en el ciclo vital de toda mujer donde adquiere un nuevo estatus o una nueva "honorabilidad". Las Ancianas del poblado suelen ser personajes venerados por su experiencia, por su sabiduría y por su magia. En marcos sociales más complejos, la ancianidad, aunque de forma menos marcada, sigue siendo un estatus o un momento relevante en la vida de los individuos. Recordemos que generalmente, la gerontocracia era y es, en muchos lugares, el máximo sistema de gobierno. En el que el papel de los ancianos es más que clave en la vida de la comunidad. Ellos conocían su pasado y dirigían su presente. Aunque vemos, que progresivamente, la gerontocracia termina siendo un estado que se abandona o que por lo menos, termina dejando de tener la importancia de sus primeros tiempos. En favor del poder individual y renovado.

La sangre, tiene un papel muy importante en estos ciclos. Cuando se retiene en el embarazo, se pensaba que era para formal al niño. Y cuando de nuevo, cesaba en la menopausia o final del periodo, se creía que era una forma de retener toda la sabiduría y experiencia que había ido adquiriendo a lo largo de su vida. Y como ya hemos comentado, este momento daba inicio a la etapa de la mujer sabia y Anciana. En un momento en el que se abandonan todas las responsabilidades de las etapas o ciclos anteriores donde por fin, llega el momento de dedicarse tiempo a una misma. De volverse hacia dentro y darse cuenta de todo lo que uno ha andado y de todo lo que uno ha recogido.

Es en este momento, cuando los arquetipos de la Diosa Anciana se hacen presentes, pero para activarlos antes hay que conocernos lo mejor posible. Al menos, de este modo, lograremos activarlos y reconocerlos más fácilmente.

Aspectos de la Anciana.

...

Provocadora de muerte.

La Anciana, aunque en su figura como hemos ido viendo, comprende muchos aspectos, cabe destacar el de la muerte y la transformación por encima de los demás. Muchas culturas van a reflejar este hecho, dejando que por ejemplo, sean las Ancianas las que se ocupen de los difuntos vistiéndolos, ungiéndolos y preparando el propio funeral. También, como hemos visto, la brujería, los misterios y los secretos están aparejados a la figura de la vieja o la Anciana. La Madre, al dejar de ser su útero fértil, no generará vida como tal, pero pasa a convertirse en receptáculo de la regeneración, en este sentido, vemos el caldero de Cerridwen o las metáforas del útero de la Anciana como la tumba. Esta cuestión fue muy bien estudiada por la investigadora Marija Gimbutas sobre los pueblos de la vieja Europa.

En su condición de provocadora y regente de la muerte, se la asocia también el papel de jueza en última instancia. Como veremos también, más adelante, la Anciana, Reina de la Muerte, se convierte en depredadora, como Cerridwen y la Cerda. Pero recordemos, que la dualidad en este sentido está muy presente, dado que todo tiene un lado luminoso y uno oscuro. La Diosa da vida, pero también la quita. La naturaleza en sí, también tiene esta naturaleza depredadora de la que no podemos olvidarnos, porque si no, de lo contrario, no entenderíamos bien el último estadio de la Diosa.

La Diosa Bruja.

Generalmente, todas las Diosas encarnan el papel de brujas, en mayor o menor medida, pero si echamos un ojo más profundamente, nos encontramos con que hay algunas Diosas que se presentan como brujas por excelencia, como son el caso de Isis, Hécate, Kali, Cerridwen, Cailleach Béirre. De este modo, aunque parezca una reducción de sus cualidades, en realidad, se advierte que esta naturaleza de la divinidad, está por encima de otras. Circe en la Odisea, o la misma Morgana le Fay, son otros dos grandes ejemplos de grandes brujas que pese a ser terriblemente viejas, se presentaban como jóvenes de una belleza extrema, poniendo a prueba a los humanos, y sobre todo, a los hombres. Esta es una cuestión muy común en los cuentos populares, donde la vieja o la mendiga, pone a prueba el corazón del caballero, para después mostrarse en todo su esplendor. En la Edad Media, nos encontramos con numerosa literatura en esta línea donde una dama joven y dulce seduce a un apuesto caballero, cuando en realidad es una vieja Anciana. O por el contrario, la joven y bella Diosa, pone a prueba al caballero a través de su apariencia de mendiga. Así, se evalúan las aptitudes de la persona, y en el caso de estos escritos, se evaluaba las actitudes del futuro rey, regente, héroe o caudillo.

La prueba de la búsqueda interior.

La Diosa, ya no solo tiene una especial implicación en la búsqueda de héroes en la literatura medieval, sino que también, debemos de ver en este sentido, la búsqueda interior dentro de nosotros mismos. Como Anciana, según mi experiencia, puede aparecer al principio, ayudando a iniciar el recorrido, o aparecer al final, dándote el último empujón que te hacía falta para terminar victorioso.

Durante el viaje, te pondrá a prueba, como a los héroes de la literatura. En realidad, se trata de un viaje psicológico y espiritual que se da dentro de cada uno de nosotros, siendo este viaje imprescindible para nuestro desarrollo. A medida que vamos rompiendo y dejando nuestras inhibiciones, nos vamos acercando más hacia ella y hacia el conocimiento y nuestro desarrollo. También podríamos verla como el monstruo al que debemos de enfrentarnos que en realidad somos nosotros mismos o quizás, un aspecto nuestro que negamos. Muchos apuntan que la misma medusa, comparte facetas del arquetipo de la Anciana al presentar la problemática de enfrentarse a uno mismo.

Cómo trabajarla, correspondencias, asociaciones.

Tabla de correspondencias:

- **Colores:** Negro, morado, violeta, azul oscuro.
- **Animales:** Tortuga, Lechuza.
- **Hierbas:** Cedro, canela, salvia.
- **Inciensos:** Sándalo, mirra, canela, cedro.
- **Ofrendas:** Miel, granadas, frutos secos, manzanas.
- **Estaciones:** Final del otoño, invierno.
- **Festividades:** Samhain, Mabon, las noches, el crepúsculo.
- **Punto cardinal:** Oeste.
- **Chakra:** Séptimo
- **Aptitudes y habilidades:** Muerte, transformación, regeneración, autosuficiencia, fin de ciclos, sabiduría, enseñanzas, encrucijadas, jueza, bruja por excelencia, luz que guía, esperanza en la noche, prueba interior, búsqueda interior, enfrentarse a los miedos, enfrentarse a uno mismo.
- **Algunas Diosas que destacan en este arquetipo:** Hécate, Cerridwen, Kali, Cailleach Béirre, Durga, Hela, Morrigan, Abuela mujer araña, Sedna, Annis, Badb y Macha.

Rituales involucrados.

- Poner fin a las relaciones, trabajos, amistades, ciclos.
- La menopausia, o llegar a un acuerdo con el envejecimiento, con uno mismo y con su sombra.
- Un reagrupamiento de energías necesarias al final de un ciclo de actividad o problema.
- Protección y guía.
- La muerte, transformación y regeneración.
- Sabiduría
- Contemplación al final de su ciclo de vida.
- Para entender el más profundo de los misterios, la sabiduría y el conocimiento oculto.
- Cualquier destierro, la unión, terminando.

Selección de Diosas y el trabajo práctico con las mismas.

Panteón griego
- **Hécate** Diosa del inframundo y la magia

Panteón Romano
- **Libitina** Diosa de funerales y piras

Panteón Celta
- **Cailleach Béirre** (Escocia, Galicia y Galia Céltica) Espíritu del invierno "Reina del invierno", protectora de los animales

en otoño e invierno. Diosa de la sabiduría y de la magia. Tercera faceta de la tríada: Brigit-Dana-Cailleach.

Panteón Nórdico.
- **Elli** Diosa de la vejez, derrotó Thor.

Panteón Hindú
- **Kali** Diosa de la destrucción y el renacimiento.

Panteón Egipcio:
- **Neftis** Diosa funeraria asociado con la muerte, la magia y la reencarnación

Hécate

...

Hécate es una Diosa especialmente compleja, posee tantas facetas que son innumerables y son tantos sus atributos que el estudio profundo de esta deidad podría llevarnos años. Ella rige el inframundo, las encrucijadas, la muerte, la vida, la magia, el parto, la oscuridad, la luz y muchas cosas más. Hablar de Hécate en cualquier caso, es quedarnos cortos; pero en este momento, nos centraremos en los atributos de esta Diosa relacionados con la Anciana, en la que muchas veces se le encasilla, pese a tener en sí misma todas las facetas. Hécate no es realmente una Diosa Anciana, pero sí rige muchas facetas propias de las Diosas Ancianas, y es por eso que en este caso, totalmente práctico, vamos a añadirla en este apartado. Ella es una Diosa clave en muchas regiones, pues su culto se extendió por muchos lugares y sus reminiscencias llegan hasta hoy.

Principalmente, trabajaremos con ella las áreas relacionadas con:

- La guía, buscar el camino perdido.
- Protección ante las dificultades de la vida.
- Aceptación de la muerte o el fin de las cosas.
- Transformación y renacimiento en los aspectos de la vida.
- Fuerza y energía.
- Aceptación de nuestro yo oscuro y trabajo con la sombra.

Tabla de correspondencias:

- **Colores:** Negro, rojo, naranja.
- **Festividad:** 13 de Agosto, lunas negras.
- **Animales:** Perros, serpientes.
- **Símbolos:** Cuchillo de partera, antorchas, serpientes, llaves.
- **Ofrendas:** Pescado, huevos, cebollas, ajos, granadas.

Saliendo de la Encrucijada con Hécate

Somos seres humanos. Erramos, acertamos, y nos encontramos constantemente en disyuntivas y momentos en los que tenemos que tomar una decisión compleja. A veces, sencillamente, los árboles nos impiden ver el bosque. No somos capaces de elegir el camino que debemos tomar. Para estas situaciones, podemos acudir a Hécate, en su faceta de Señora de las Encrucijadas, de Señora de los caminos, para que nos ayude a encontrar el sendero correcto. Para este trabajo, vamos a tomar el ya famoso ritual de Lady Ayra Alseret de la Guardia de la Llama, y realizar sobre él una pequeña modificación.

Vamos a disponer de los siguientes elementos
- ☐ Incienso
- ☐ Aceite de Hécate (o de oliva en su defecto)
- ☐ Una vela roja, negra o blanca
- ☐ Un cuenco con agua

- ☐ Papel y lápiz
- ☐ Una granada, cebolla, ajo o cualquier otra ofrenda que queramos para Hécate.

Comienza, como siempre, tomando conciencia del acto mágico que vamos a realizar. No es necesario que esto sea algo complicado, bastará con que te centres durante unos minutos y tengas claras tus emociones e intenciones. Unge tu vela con el aceite; recuerda que el modo correcto de hacerlo es ungiendo la vela de la mitad hacia arriba y de la mitad hacia abajo. Pon toda tu intención en este proceso, para que la vela se convierta en una herramienta de trabajo para el fin que estamos buscando.

Toma la vela entre tus manos y recita:

Gran Diosa Oscura de las Encrucijadas,
Responde a mi llamada,
Portadora del Fuego Divino,
Que iluminas con tu antorcha ardiente,
Símbolo de la Sabiduría Interna y Eterna,
Ven a ayudarme en este momento de mi vida,
Pues necesito Tu luz como guía e inspiración.
Señora de los Caminos y que traes la visión,
A Ti te invoco, en esta noche,
Para que me muestres el camino correcto.

A continuación, enciende la vela. Bajo su luz, escribe en tu papel aquello que necesitas, haz tu petición a la Diosa indicando la situación y como necesitas su ayuda para tomar la decisión correcta. Pasa con cuidado el papel sobre la vela mientras dices:

Esta es mi petición, oh, Gran Hécate,
Mientras me pongo en tus manos.
Señora de los Misterios,
Madre de la Noche,
Trae para mí una respuesta, pues me siento perdido.

Introduce el papel en el cuenco de agua y déjalo junto a la vela, y la ofrenda que vayas a hacer hasta que la vela se consuma. Una vez la vela se haya consumido completamente, toma sus restos, la ofrenda y el cuenco con el agua y la petición y dirígete a un cruce de caminos. Coloca el resto de la vela en el agua y toma un momento para agradecer. Deja caer el agua (cuidado con el papel y la vela) sobre la ofrenda.

Es recomendable que prestes atención a los sueños de las noches siguientes, así como de aquellas señales que la Diosa te envíe para tu elección.

El papel y la vela, puedes desecharlos en un punto limpio.

Libitina

...

Libitina es la Diosa romana del inframundo, los cadáveres, la muerte, los ritos funerarios y las piras funerarias. Siguiendo la costumbre romana, se arroja al fuego el mensaje, la ofrenda o aquello que quiere hacer llegar al espíritu del difunto centrándonos en la intención y lo que queremos que sea. La Diosa lleva esa energía hasta su receptor, y como agradecimiento se le dejan monedas como pago.

A Libitina se la describe como una mujer alada, vestida de negro, que como una rapaz llegaba hasta la víctima para apoderarse de ella. Su fiesta se llamaba Feralia (21 de febrero), y se trataba de un festival de una semana de duración, en su honor, con el fin de comunicarse y apaciguar a los espíritus de los muertos.

Principalmente, trabajaremos con ella las áreas relacionadas con:

- La paz para aquellos que han fallecido
- Liberarse de malos hábitos
- Dejar atrás la negatividad y los males

Tabla de correspondencias:

- **Colores:** Negro, marrón, amarillo, verde.
- **Animales:** Aves de presa, rapaces.
- **Lugar sagrado:** Arboleda sagrada.[9]

- **Piedras:** Granate, cuarzo ahumado, obsidiana, ónix.
- **Dirección:** Norte.
- **Elemento:** Tierra.
- **Ofrendas:** Monedas.
- **Astro:** Saturno, Plutón.
- **Plantas:** Artemisa, pachulí, salvia, beleño.
- **Festividad:** 21 de febrero.

Liberar el dolor con Libitina

Podemos usar este tipo de ritual para liberar la culpa, para deshacerse de ideas que nos están dañando, o para alejar aquella negatividad que nos está molestando en la vida, y como era tradicional, podrías incluso usarlo para comunicar un mensaje a un familiar difunto. Para ellos vamos a retomar el rito romano que pequeñas modificaciones.

Dispondremos de un espacio para realizarlo, donde podamos escribir cómodamente, y colocaremos a nuestro alrededor, un pentáculo, papel, lápiz, una vela de color marrón, un platito con salvia, un cuenco metálico o que resista el calor, carbón y tres monedas doradas.

Vamos a comenzar encendiendo la vela marrón mientras nos concentramos el trabajo que vamos a hacer. A veces, dejar algo atrás

---

[9] Pues su templo se alzaba en una gran arboleda

algo que nos duele es más complicado de lo que parece de entrada, porque son muchos los hilos que desencadenan una situación. Vamos a pensar en ello con calma, y luego los iremos anotando en el papel. Puede ser una pequeña lista de aquello que nos causa dolor, una carta a la persona que nos ha hecho daño, una descripción de sentimientos... no existe una sola forma correcta, sino que es importante que lo hagas a tu manera y de corazón.

Una vez que tengas tu papel escrito, colócalo sobre el pentáculo y date un tiempo para meditar sobre ello. Puede que hayas obviado algo, o desees hacer una modificación. Mientras meditas, puedes centrar tu mirada en la llama de la vela, y atraer hacia ti esa sensación de la Diosa que a través del fuego libera.

Cuando estés listo, prende el carbón y añade a éste la salvia, pasa tu papel por el olor de la hierba y luego, deja que arda en el recipiente junto a ella. Puedes decir algo como:

Libitina, Señora de las Piras,
Llévate este dolor,
Libérame de él mientras tu fuego arde,
Y trae paz a mi espíritu.
(Toma las monedas en la mano derecha)
Este es mi pago,
Señora de los Fuegos que purifican.

Tomas las cenizas y métalas en una bolsa de tela por tres noches, colocándolas sobre el pentáculo con las tres monedas alrededor.

Una vez pasadas las tres noches, tira las cenizas o entiérralas al norte de tu casa junto a las monedas.

Cailleach

...

Conocida como la "Bruja azul", "Reina del invierno" y diversos epítetos. Diosa del espíritu invernal, protectora de la vida salvaje del bosque. Diosa de la sabiduría, del conocimiento, la magia y la transformación. Dependiendo del contexto, se hace más énfasis en unos aspectos y otros. Mientras que en Irlanda tiene una vertiente más benéfica, relacionada con la cosecha, la fecundidad y la abundancia. En Escocia se hace mucho más hincapié en su vertiente más negativa, destacando su faceta de bruja Anciana, tenebrosa, señora del invierno y protectora de las bestias del bosque.

Cailleach habita en Beana. Se la relaciona íntimamente con la muerte, con la sabiduría que se esconde en el fin de las cosas y de los ciclos. Con su arco protegía las bestias salvajes del bosque y con su varita de acebo, marchitaba las hojas de los árboles produciendo la llegada del invierno y las heladas y nevadas del invierno.

Principalmente, trabajaremos con ella las áreas relacionadas con:

- La guía, buscar nuestra fuerza en nuestra debilidad.
- Protección y cierre de ciclos.
- Aceptación serena de la muerte o el fin de las cosas.
- Transformación.

- Enfrentarnos a nuestros miedos.
- Lograr ver la luz en la oscuridad.

Tabla de correspondencias:

- **Colores:** Negro, azul, morado.
- **Festividad:** Samhain: Se consideraba que los frutos que no se recogían antes de Samhain, pertenecían a la Diosa hasta la llegada de la primavera.
- **Animales:** Vida salvaje del bosque: lobos, ciervos, jabalís. Animales negros.
- **Símbolos:** Vara de acebo, arco, copos de nieve, objetos azules y negros, caldero de la juventud.
- **Ofrendas:** Castañas, whisky, miel, frutos secos.

Lograr ver la luz en la oscuridad con Cailleach.

Muchas veces, en nuestras vidas, nos sentimos perdidos. Nos sentimos desorientados, desanimados y no sabemos hacia dónde caminar. No sabemos ver la miel, la luz y la dulzura de la vida. Cailleach, reina del invierno, nos ayudará a ver la luz, la esperanza y las pequeñas cosas que nos hacen felices en medio de nuestro gélido mundo invernal. Aprenderemos a ser capaces de ver vida en la aparente muerte del invierno. De ver felicidad y alegría en la nieve y en los parajes fríos y yermos. Para ello, puedes montar un pequeño altar siguiendo las correspondencias de la tabla anterior, hace una ofrenda y producir estas palabras:

Anciana Madre. Anciana de la tierra y reina del invierno.
Enséñame e instrúyeme.
Enséñame a no temer a los cambios ni tener miedo en la oscuridad.
Muéstrame la luz y el calor en la oscuridad del frío invierno.
Muéstrame, Señora, los tesoros en la fría nieve y en la noche oscura.
Muéstrame los tesoros y las joyas que se encuentran en mi propia oscuridad.
Guíame en la noche oscura, pues eres la primera en aparecer y la última en irte.
De ti nacemos y a ti debemos de volver.

Que con tu profundo conocimiento, aprenda a ver el calor, la luz y la alegría, en el frío de la noche, en la oscuridad y en los tiempos de crisis y caos.

*Pues en el pico del fin, está la semilla
del renacimiento, de la nueva vida y
del nuevo ser.
Protégeme como a un ciervo de tu
sagrado rebaño.
Como a las bestias del salvaje bosque.
En ti encontraré consuelo y
protección.*

Elli

...

Elli, conocida en la mitología nórdica como la Gran Anciana, luchó contra el mismísimo Thor en una batalla en la que Ella es la vencedora, pues nadie, ni siquiera los Dioses pueden vencer a la vejez. Se representa como una mujer encanecida y arrugada, con la espalda encorvada por el peso de los años.

Principalmente, trabajaremos con ella las áreas relacionadas con:

- Tomar energía en el momento crítico
- Asumir el paso del tiempo
- Sacar la fuerza interior
- Desarrollar nuestra sabiduría

Tabla de correspondencias:

- **Color**: Gris, plateado

Creando un talismán de fuerza con Elli.

Elli rige la sabiduría, pero también la resistencia y la fuerza, pues ella vence a Thor. En este trabajo vamos a proponerte crear un talismán que desarrolle tu resistencia, y no la fuerza bruta, para los momentos de crisis de tu vida.

Vamos a recoger los siguientes elementos para hacerlo
- ☐ Un vela de color plata
- ☐ Una vela de color verde
- ☐ Una bolsa de tela negra (si no, de color oscuro)
- ☐ Un mortero con maja
- ☐ Una cáscara de limón rallada
- ☐ Mirra (aproximadamente tres cucharadas soperas)
- ☐ Un carbón
- ☐ Un quemador
- ☐ Un trozo de arcilla

Comienza centrando tu energía en el trabajo que vas a realizar, como ya sabes esta es una parte muy importante del ritual en sí. Después coloca las dos velas en ambas esquinas de una mesa, dejando en el centro los demás ingredientes.

Enciende la vela plateada diciendo:

Elli, Diosa Divina,
Fuerza y coraje,
Acompáñame en este ritual.

Ahora prende la verde diciendo:

Fuerza y coraje,
Conocimiento y paciencia,
Presentaros en mi vida,
Y fortaleced este talismán
Para los momentos críticos.

Toma el mortero y maja en él la mirra hasta reducirla a polvo. Añade el limón, mientras lo haces puedes decir algo como:

Limón mágico, que me limpias y preparas espiritualmente,
Mirra, que me llenas de fuerza y coraje,
Atraigo vuestra fuerza y valor,
*Para enfrentarme a aquellos retos **Elli** que me superan*

Divide tu mezcla en dos partes, la primera parte puedes meterla en la bolsa, la otra vamos a reservarla.

Toma ahora la arcilla y haz un pequeño rectángulo con ella. En una cara escribe Elli en la otra dibujaremos la runa Tyr, si lo deseas en su lugar puedes dibujar un sigil con varias runas. En realidad se trata de que hagas algo propio que tenga significado para ti.

Apaga las velas y deja que la arcilla se seque. Cuando esté seca del todo, enciende de nuevo las velas, repitiendo las palabras de antes; toma la parte reservada de la mezcla de mirra y limón, y quémala en el carbón, mientras pasas tu rectángulo de arcilla por el humo, cargándolo de energía y fuerza.

Ahora deberás guardar tu rectángulo de arcilla en la bolsa. Coloca la bolsa entre las dos velas mientras dices:

Elli, tú que te enfrentas sin temor,
A todas las cuestiones de la vida,
Carga para mí este amuleto,
Con sabiduría y coraje.
Infunde con tu fuerza y paciencia,
Este amuleto,
Para todos los días de mi vida.

Deja que las velas se consuman completamente.

Recuerda llevar este amuleto contigo.

Kali

...

Kali es la Diosa hindú del tiempo, la muerte, y el cambio. Mucha gente ve a Kali como una Diosa aterradora, de destrucción violenta. Sin embargo, la destrucción y la muerte son parte de la vida. Muchas veces tenemos que dejar de lado aquellas cosas que no nos sirven para poder seguir adelante; destruir una forma de vida, para poder avanzar física, emocional o espiritualmente.

Se la representa como una mujer de cuerpo negro con cuatro o diez brazos, los ojos rojos y la lengua fuera. Suele representarse desnuda o usando una falda hecha de brazos humanos y un collar de cabezas humanas.

Principalmente, trabajaremos con ella las áreas relacionadas con:

- La aceptación de los finales
- Deshacernos de malos hábitos
- Eliminar aspectos de nuestra vida
- Trabajo con la Sombra

Tabla de correspondencias:

- **Colores:** Rojo, principalmente, en algunos casos también negro, azul.
- **Animales:** Chacal, serpientes.
- **Símbolos:** Cimitarra, tridente, cuenco.
- **Número**: 14.
- **Ofrendas:** Incienso indio, arroz, carne y flores de hibisco.

Abrazando la Sombra con Kali

Uno no se ilumina imaginándose figuras de luz, sino tornando la oscuridad consciente.
Carl G. Jung.

Para realizar este trabajo necesitarás:
- ☐ Un quemador
- ☐ Un carbón
- ☐ Incienso Indio (Boswellia serrata)
- ☐ Una vela negra
- ☐ Flores de hibisco

Antes de realizar este trabajo, ten en cuenta que lo que vas a ver no será agradable. Abrazar la sombra es un proceso difícil que puede revolver muchas emociones y sentimientos que creías que no tenías o que ya habías superado.

Kali es una Diosa destructora, pero tenemos que entender que la destrucción es parte del equilibrio cósmico. No existe el bien ni el mal absoluto fuera del paradigma humano, los Dioses están por encima de este tipo de etiquetas. Kali no es una deidad maligna, pero el trabajo puede ser complicado. Por eso, vamos a hacer este trabajo con respeto, y con cuidado, teniendo en cuenta que abrazar la sombra no es algo que podamos hacer en una sola sesión, y que será parte de un trabajo constante y creciente.

Colócate en una posición cómoda. Es mucho más recomendable que estés sentado y no tumbado. Si es necesario, busca un cojín o una alfombra. A tu alrededor, coloca las flores de hibisco en círculo, mientras te centras en el trabajo que vas a realizar, y si lo deseas, haz una pequeña oración como:

Kali, Tú que abrazas a tu Sombra,
Como la parte oscura de Ti misma,
Y la aceptas para el beneficio de todo el universo,
Atiende mi súplica y guíame
En este camino.

Prende la vela negra y enciende el carbón, en él irás quemando el incienso mientras te centras en el trabajo.

Visualiza ahora un camino ante ti. Este camino puede ser natural o construido, es lo de menos, lo importante es que lo veas claramente, y comiences a andar por él. Siente en tus pies el suelo y permítete observar a tu alrededor. Un bosque, un campo, una vereda... es indiferente. El camino desciende levemente y poco a poco, vas a ir viendo cómo llega hasta una puerta. Esta es la puerta que conduce a tu Sombra.

La puerta se presenta ante ti de un modo diferente al del resto de las personas. Observa la puerta con calma, no hay prisa. ¿Tiene algún tipo de detalle? ¿De qué color es? Cuando estés listo, abre la puerta y verás que tras ella hay unas escaleras que descienden. Poco a poco, baja las escaleras, observa a tu alrededor mientras lo haces, puede que encuentres señales en tu descenso...

Abajo, en la profundidad, hay una gran sala, donde estás tu Sombra, rodeada de todo lo que hay en tu interior, el cómo aparece es una cuestión totalmente personal, para algunos es un guerrero oscuro, para otros es como verse en el espejo a oscuras, para otros es una figura encapuchada... ¿cómo se presenta tu Sombra? La Sombra puede causarte miedo o rechazo, pero recuerda que se trata de una parte de ti, tu parte más oscura, donde viven tus partes más olvidadas, reprimidas, molestas y oscuras. Eres tú, ni más ni menos. Esa parte de ti que no quieres ver. La Sombra no desaparece porque muestres luz en ese rincón, ni tampoco va a desaparecer por arte de magia, debes realizar un trabajo profundo con ella: emoción a emoción, patrón a patrón, toma una sola cosa de cada vez, analízala y compréndete, pues sólo comprendiendo lo que eres te liberas. Respira profundamente y date tiempo para elegir que parte de tu Sombra quieres conocer y trabajar.

Comunícate con tu Sombra, y dile que estás ahí para trabajar lo que hayas decidido, escúchate y toma el tiempo que necesites para trabajar esta faceta de tu vida, que te acompaña como Sombra. Agradece a tu Sombra que esté presente en tu vida, para que puedas ser consciente de lo que quieres modificar. Agradece a Kali, que te haya guiado en este trabajo, y regresa por dónde has venido.

Recoge las flores de hibisco y quémalas como agradecimiento para la Diosa. Repite este proceso para trabajar con tu Sombra cada vez que lo necesites, pero no olvides que cada viaje, removerá muchas cosas de tu vida, y es mejor espaciarlos.

Neftis

...

Nebet-Het, para los egipcios, es la Diosa asociada a la oscuridad, las tinieblas, la noche y la muerte. Conocida como "La Diosa de la Casa" (entendiendo por *Casa* la morada celestial de Horus), se trata en realidad de una Diosa asociada a los cultos solares, y aparece representada con un gran disco solar entre los cuernos.

Según Plutarco, Neftis tuvo relaciones con su hermano Osiris, y dio a luz a Anubis, por lo cual también era invocada como Matrona en los partos. No obstante, también se la asocia con los buitres, animales que no tenían para los egipcios capacidad de reproducirse[10].

Estaba tan asociada al culto mortuorio, que las vendas con las que se envolvía a las momias recibían el nombre de "mechones de Neftis". Se le asoció con los halcones y las plañideras que seguían a los cortejos fúnebres eran llamadas *los halcones de Neftis.*

Principalmente, trabajaremos con ella las áreas relacionadas con:

- Adaptarse a nuevas situaciones

---

[10] Los antiguos egipcios consideraban que todos los buitres eran hembras y que se generaban espontáneamente del aire

- Transformar situaciones
- Construir nuevas realidades
- Dar paz al fallecido

Tabla de correspondencias:

- **Colores:** Amarillo, dorado.
- **Animales:** Milano, buitre, halcón.
- **Símbolos:** Disco solar.
- **Punto Cardinal:** Norte.
- **Lugar:** Aire.

Honrando a los difuntos con Neftis

Este ritual podemos usarlo para honrar a nuestros ancestros, familiares fallecidos o a modo de ritual de despedida. Una parte del ser humano, siempre reacciona a la muerte con miedo o dolor, independientemente de que consideremos que hay un renacimiento posteriormente. Encontramos enterramientos desde el inicio de los tiempos, donde existen claros signos de un ritual que acompaña este momento de la vida.

Para este ritual necesitarás tener una vela de color dorado, que será para la Diosa, una vela para el difunto de su color preferido (si estamos trabajando con los ancestros, de color azul), tres velas negras. También deberás tener a mano un cuenco pequeño con agua, natrón, un bolline, un quemador, carbón e incienso. También necesitarás un cordón que simbolice al difunto (o algo diferente que simbolice a los ancestros, en caso de que el ritual sea para ellos) con un nudo en el centro (si deseas que haya más gente contigo y quieres que participen, podrías hacer un nudo por participante)

Comienza colocando el cordón en forma circular para delimitar el espacio del ritual. Toma la vela de color dorado y graba con tu bolline el jeroglífico de Neftis:

Ahora toma la vela del difunto (o de los ancestros) y dibuja en ella algo representativo: sus iniciales, la palabra ancestros, una flor si le gustaban especialmente... Mezcla en tu cuenco un poco de agua con natrón y unge todas las velas mientras las cargas para que cumplan su finalidad en este ritual.

Enciende las velas negras, que disiparán la energía negativa y colócalas en forma de triángulo en los extremos más cercanos al cordón. Enciende el carbón y comienza a quemar incienso que atraerá la energía que necesitamos, además de hacer las veces de ofrenda.

Enciende la vela dorada mientras dices:

Neftis, Señora de la Casa,
Tú que eres Guardiana de los que nos han dejado,
Escucha mi súplica,
Ven a este espacio.
Tú que eres hija del mismo cielo,
Y de la misma tierra,
Tú que conoces los secretos de la muerte,
Ven a este espacio,
Y ayúdame en mi propósito.

Ahora enciende la vela del difunto (o de los Ancestros), lo ideal es que digas también unas palabras, puedes usar las que prefieras, ya que lo que venga de tu corazón estará bien. Sólo recuerda decir sencillamente que lo llamas para la despedida, y sobre todo, recuerda no prometer cosas que no puedes saber cómo: todo estará bien, tus hijos saldrán adelante... Simplemente invita a que venga a tu ritual, para que puedas despedirte.

Es el momento de la despedida, permite que quién lo deseé diga unas palabras, puedes dar la opción a que las traigan escritas, si lo prefieren y las quemen en el carbón del incienso. Toma el cordón con cuidado de no tirar las velas, y deshaz el nudo (si tiene varios, que ordenadamente, se acerquen a deshacer uno de ellos) mientras dices:

Neftis, Señora de la Casa,
Que lloras en los entierros,
Y conoces nuestro dolor,
Acompaña a _____
Hasta la casa de sus Ancestros.
Hija de la Tierra y el Cielo,
Señora de la Transformación,
Seca sus lágrimas y las nuestras,
Pues toda partida implica un encuentro.

Deja que las velas se consuman.

Lecturas recomendadas y complementarias.

- ELIADE, Mircea. *Lo sagrado y lo profano.* Barcelona: Paidós, 2014.
- REGARDIE, Israel. *El pilar del medio.* Luis Cárcamo Editor, 1988.
- VÁZQUEZ HOYS, Ana María. *Historia Antigua Universal I.* Sanz y Torres, 2007.
- FLOOD, Gavin. *Hinduismo.* Madrid: Akal, 2008.
- TRIMEGISTO, Hermes. *Enseñanzas secretas de Isis a Horus.* 1996. Ed. mra. Barcelona.

Bibliografía y Fuentes.

A continuación se ofrece al lector, un listado de obras consultadas para la elaboración del presente trabajo para que pueda ampliar la información de carácter más específico, englobando las disciplinas de Historia, Historia de las Religiones o Antropología.

- Actas del VI Congreso Internacional de la Asociación Hispánica de literatura medieval. Tomo I. (Alcalá de Henares, 13-16 de septiembre 1995) Ed, LUCÍA MEGÍAS, José Manuel. Madrid: Servicio de Publicaciones de la Universidad de Alcalá, 1997.
- BARING, Anne, CASHFORD, Jules. *El mito de la Diosa*. Madrid: Siruela, 2005.
- BLÁZQUEZ, José María. *Historia de las religiones antiguas: Oriente, Grecia y Roma*. Madrid: Cátedra, 2011.
- BURKERT, Walter. *Religión griega arcaica y clásica*. Madrid: Abada Editores, 2007.
- ELIADE, Mircea. *Historia de las creencias y las ideas religiosas. Vol. I*. Barcelona: Paidós, 1999.
- ELIADE, Mircea. *Historia de las creencias y las ideas religiosas. Vol. II*. Barcelona: Paidós, 1999.
- FRAZER, James Georges. *La rama dorada*. Madrid: F.C.E, 1981.
- HOPE, Murry. *Magia Griega Práctica: Un completo manual del Sistema Mágico basado en las leyendas de la antigua Grecia*. Madrid: EDAF. 1985.

- HUSAIN, Shahrukh. *La Diosa: creación, fertilidad y abundancia, mitos y arquetipos femeninos.* Evergreen, 2001.
- LURKER, Manfred. *El mensaje de los símbolos: Mitos, culturas y religiones.* Barcelona: Herder, 1998.
- HARRIS Marvin, El desarrollo de la teoría antropológica. Madrid: Siglo XXI de España Editores, 1979.
- MONAGHAN, Patricia. *The encyclopedia of celtic mythology and folklore.* New York: Facts On File, Inc, 2003
- REID WEST, David. *Some cults of Greek goddesses and female daemons of oriental origin.* Glasgow: University of Glasgow, 1990.
- SANAHUJA, Mª Encarna. *Cuerpos sexuados, objetos y prehistoria.* Madrid: Cátedra, 2002.
- SCARRE, Chris. *The human past: World Prehistory & the Development of Human Societies.* London: Thames & Hudson, 2005.
- SCHWARZ, Fernando. *Mitos, Ritos, Símbolos.* Buenos Aires: Biblos, 2008.
- SHINODA BOLEN, Jean. *Las Diosas de la mujer madura: Arquetipos femeninos a partir de los 50.* Barcelona: Kairós, 2003.
- VARIOS AUTORES. *Textos de Magia en Papiros Griegos.* Madrid: Editorial Gredos S.A. 1987.

Para la creación de este libro se consultaron textos privados pertenecientes al Reverendo Tiné Estrella de la Tarde y Lady Ayra Alseret, así como diversas fuentes on-line:

- Wiccanos URL: http://www.wiccanos.com
- The Metropolitan Museum of Art URL: http://www.metmuseum.org
- La Tierra de los Faraones URL: http://www.egiptologia.org/
- La Historia viva:
  https://historiaconmayusculas.wordpress.com/

Ilustraciones

- ☐ La Diosa y su Velo. Crisantemo T. Haro.
- ☐ Diosa Blanca, página 10. Ilustración. Pablo Vicente Sánchez.
- ☐ Altar, página 16. Fotografía. Tiné Estrella de la Tarde.
- ☐ Diosa Oscura, página 22. Ilustración. Pablo Vicente Sánchez.
- ☐ Anciana, página 70. Ilustración. Tiné Estrella de la Tarde.

CPSIA information can be obtained
at www.ICGtesting.com
Printed in the USA
LVOW13s0637190218
567101LV00013BA/376/P